손바느질로 한 땀 두 땀
안녕, 나의 인형

손바느질로 한 땀 두 땀
안녕, 나의 인형

글·그림 황윤숙

여가로운삶

Special thanks to

모든 순간을 지켜준
나의 남편 이준흥
내 아이들 서윤, 지오
나의 인형들

그리고 나

5 | 안녕, 나의 인형

009   Prologue "안녕? 나의 인형"

PART I 오늘부터 인형 바느질

012   1. 인형 바느질 기본
016   2. 인형 바느질법
018   3. 원단 따라 달라지는 인형 바느질

+ Tip
자투리 천으로 바느질 연습
창구멍
겨드랑이
시접 정리

PART II 한 땀 두 땀 인형 손바느질

난이도 下
030   - 동그라미
034   - 길쭉이
038   + 프레첼
040   - 작은 동물 얼굴

난이도 中
052   - 곰돌이
056   - 토끼
060   - 사자
064   - 코끼리

난이도 上
078   - 사람 인형 ① '몽실이'
084   - 사람 인형 ② '삐순이'
090   + 인형 액세서리

PART

III 인형 놀이터

102 인형 옷: 원피스, 속옷
106 구름 모빌
110 과일 쿠션
114 인형 가방
120 나무와 집
126 인형의 집
132 팥 주머니 안대 또는 문진

> **쉬어가는 페이지**
> **작가 이야기 한 땀 두 땀**
>
> 25 첫 만남
> 27 손바느질로는 아무것도 바꿀 수 없지만
> 47 손님과 인형과 나
> 49 언제부터 좋아한 걸까
> 72 날 닮은 나의 인형
> 74 오늘은 수업이 없어요
> 97 아이의 애착 담요
> 99 서툴고 투박해도 선한 바느질

139 Epilogue "안녕! 나의 인형"

Prologue

"안녕? 나의 인형"

내가 바느질? 지금보다 조금 더 젊은 시절을 돌이켜 보면, 바느질과 나의 인생에 접점은 많지 않다. 아니 전혀 없다. 상상 속에서도 내가 바느질?

산업디자인을 전공했다. 이후 전시장 설계, 주방가구 회사, 전기공사 업체 등에서 전공을 살려 그럭저럭 지냈던 것 같다. 꿈? 그거 먹는 건가 싶은 보통의 그런 나날이었다.

때때로 찾아오는 막연한 의문, 나도 무언가 할 수 있지 않을까, 내가 잘할 수 있는 일이 있을 텐데, 그건 뭘까? 답답함에 고개를 돌리고는 했다.

첫 만남. 바느질을 처음 시작했을 때, 내 손에서 무언가가 만들어지는 그 순간에, 온몸을 울리던 느낌을 잊을 수가 없다. 첫 만남에서 사랑에 빠지면 약이 없다. 그렇게 전공과 경력은 잊은 채 바느질과 동행을 시작했다. 평생 하하 호호 할머니가 될 때까지 바느질과 살아야지, 나의 세상에 고요하게 선포했다.

2015년, 손바느질로 소품을 만들고 가르치는 시간도 어느덧 9년 차에 접어든 무렵이었다.
(어머나! 2026년이면 바느질 인생 20년!!)
여러 작가가 저마다의 매력적인 작품들을 선보이는 플리마켓에 참여하기 시작했다. 나의 작품 바구니에는 다양한 소품들과 작은 곰인형이 담겼다. 플리마켓에 참여하는 횟수가 늘어가면서 곰인형 식구들도 늘었다. 꺅~ 탄성을 내지르는 고마운 사람들은 나의 곰인형을 기꺼이 데려갔다.
"이거 살래요!"가 아닌 "이 아이로 데려갈게요!"라며.

그 말들과 눈빛, 따뜻한 시선과 손길이 너무나 특별했다. 인형 안에 불어넣은 애정과 노고를 어루만져주는 기분이었다. 그렇게 나는 손바느질 인형작가가 되었다.

한 땀 두 땀, 오늘도 작은 공방에서 인형을 손바느질한다. 인생을 짓는다.
안녕? 나의 인형!

손바느질로 한 땀 두 땀 | 10

Part I 오늘부터 인형 바느질

1. 인형 바느질 기본
2. 인형 바느질법
3. 원단 따라 달라지는 인형 바느질

+ Tip
  자투리 천으로 바느질 연습
  창구멍
  겨드랑이
  시접 정리

1. 인형 바느질 기본 ×───

<바느질 주의 사항>

* 가위와 바늘은 위험해요! 늘 주의 더하기 주의, 주의 곱하기 주의하세요.

* 기본 도구들은 하나의 통이나 바구니에 담아 보관해요.

* 재단용 가위는 원단용으로만 사용해요. 다른 종이를 자르거나 떨어뜨리면 날이 상해요.

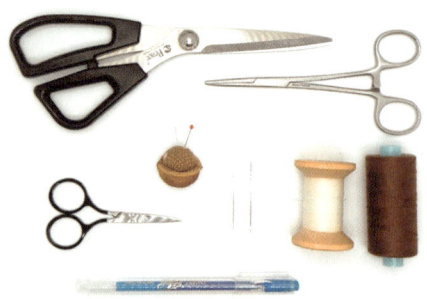 

<기본 준비물>

기본 도구: 가위, 바늘, 실, 시침 핀, 원단용 펜, 겸자

재료: 원단, 솜

장식 부자재: 색실, 단추, 눈알용 구슬, 리본 끈, 고무 밴드 등

x 만들기 전 알아두기

* 원단의 앞뒤 구분: 겉면(앞면), 안쪽 면(뒷면)으로 표기
* 원단을 사용하는 위치에 따른 구분: 완성했을 때를 기준으로 겉감, 안쪽에 사용되는 원단을 안감으로 표기
* 책에서 사용되는 기본 바느질은 반박음질, 창구멍은 항상 공그르기로 마감
* 손바느질을 기준으로 만들어진 인형들이며, 재봉틀로 작업하는 경우 크기가 조금 커질 수 있음

x 만들기 시작! 첫 번째 도안 그리기

① 만들고자 하는 인형 캐릭터의 포인트가 되는 부분을 살려 스케치한다.
② 하나의 선으로 이뤄진 평면 도안과 여러 개의 조각으로 연결되는 입체 도안 중 선택한다.
③ 두꺼운 종이에 최종의 정돈된 선으로 그린다.
④ 종이용 가위로 도안을 자른다.(재단용 가위 사용 안 하기!)
⑤ 도안에는 원단에 맞출 식서방향, 시접의 사이즈, 필요한 조각 개수 등을 기록해놓으면 좋다.

x 주의 사항

* 목, 겨드랑이같이 2개의 도안선이 가깝게 만나는 부분은 시접 정리도 어렵고 바늘땀이 터질 수 있으니, 두 도안선 사이 간격을 여유 있게!
* 인형을 완성하면 도안보다 작아진다. 도안은 원하는 실제 크기보다 120% 크게!
* 원단은 대부분 가로방향(푸서)이 세로방향(식서)보다 잘 늘어난다!
* 대부분의 도안은 세로방향에 식서를 맞추며, 완성했을 때 도안보다 펑퍼짐해진다.

<인형 바느질 기본 과정>

1 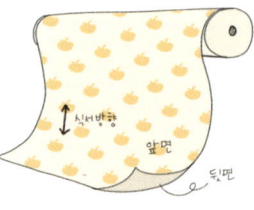 **원단 준비**
- 원단 앞, 뒷면, 식서방향 확인 후 두 겹으로 준비
- 완성했을 때 겉으로 보이는 면이 앞면(겉면), 반대쪽 면이 뒷면(안쪽면)
- 원단이 직조된 세로방향은 식서방향, 가로방향은 푸서방향
- ✓ 푸서방향이 식서방향보다 잘 늘어나요!

2 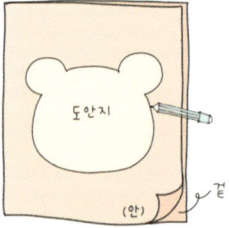 **도안선**
- 원단 뒷면에 도안을 대고 선 그리기
- 도안 끝에 딱 맞게 원단용 펜으로
- ✓ 겉면에서 펜 자국이 보이지 않을 정도로 살짝!

3 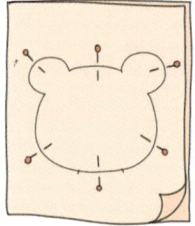 **시침 핀**
- 도안선을 그린 두 겹의 원단을 시침 핀으로 고정
- 도안선에 직각이 되도록 안을 향해 꽂기
- ✓ 두 장의 원단이 서로 밀리지 않도록 맞춰서!

4 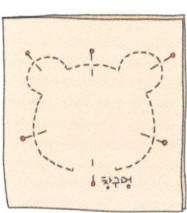 **바느질**
- 기본 박음질 또는 반박음질
- 촘촘한 간격의 바느질
- ✓ 헐렁하게 벌어지지 않도록 당겨서 바느질해요!

5 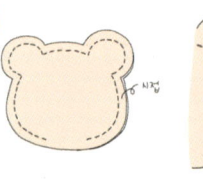 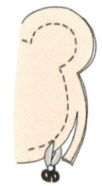 **시접 정리**
- 앞면으로 뒤집기 전 너무 넓은 시접 부분 잘라주기
- ✓ 바느질한 선에서 천 가장자리 끝까지의 여유 부분을 시접이라 해요.

< Part 1 오늘부터 인형 바느질 >

 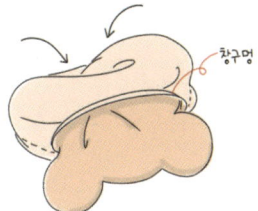

창구멍을 통해 전체 뒤집기

- 창구멍은 인형을 만들 때 안에서 밖으로 뒤집기 위해 바느질하지 않고 남겨두는 부분
- 창구멍은 인형 크기에 따라 적절한 폭으로 내주기
✓ 폭이 좁으면 뒤집거나 솜 넣는 과정에서 양옆 바느질이 터져요!

솜 넣기

- 인형 안쪽 전체 공간에 일정한 밀도로 넣기
✓ 솜 대신 다양한 부자재를 사용해 속을 채워도 재미있어요.

 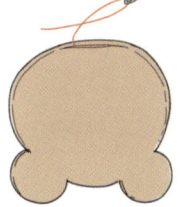

창구멍 막기

- 공그르기는 천의 양쪽 시접을 접어 맞대어 바늘로 양쪽으로 번갈아 넣어가며 실땀이 겉으로 보이지 않게 꿰매는 바느질
- 시접을 안으로 접어 넣고 창구멍은 공그르기

 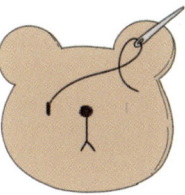

자수로 표정 넣기

- 원단용 펜으로 원단의 앞면에 원하는 밑그림 그리기
- 실로 바느질하거나 단추 또는 눈, 코, 입 모양 재료 사용 가능

2. 인형 바느질법

①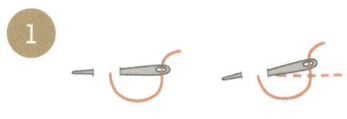
반박음질(하프 백스티치): 인형 만들기의 가장 기본 바느질법
박음질과 같은 과정에서 첫 땀 간격의 중간으로 들어가는 바느질.
(홈질처럼 땀 사이 간격이 벌어져 있다)

②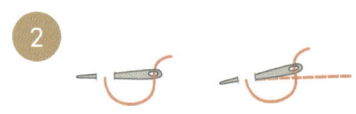
박음질(백스티치)
원단의 겉에서 안으로 한 땀을 떠 나와 첫 땀 자리로 들어가 두 땀
간격만큼 떠서 바늘을 빼준다.

③
홈질(러닝 스티치)
원단의 겉과 안으로 간격에 맞춰 들어갔다 나오기를 반복한다.

④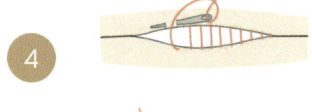
공그르기(블라인드 스티치)
두 원단의 시접이 접힌 끝을 따라 한 땀씩 번갈아 떠주면서 실을 당긴다.
(밑단 시접을 붙이거나, 창구멍을 막을 때 쓰이는 바느질법)

⑤
감침질
덧대어지는 원단 위로 나온 실을 원단 가장자리를 감싸듯 하여 아래 원단
으로 넣어 대각선으로 덧댄 원단 위로 뺀다. 일정한 간격으로 반복한다.

< Part 1 오늘부터 인형 바느질>

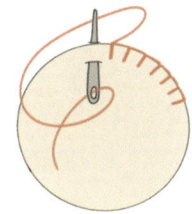

버튼홀 스티치

두 원단의 사이에서 실의 매듭을 걸어 뺀 후, 덧댄 원단 위에서 바늘을 넣어 두 원단을 관통한다.
덧댄 원단 끝으로 뺀 바늘에 실을 한 바퀴 걸어 준 후 실을 당기면 세로의 바늘 땀들 위로 실이 연결된다. 일정한 간격으로 반복한다.

매듭법

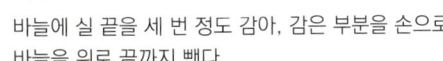

바늘에 실 끝을 세 번 정도 감아, 감은 부분을 손으로 지그시 잡고, 바늘을 위로 끝까지 뺀다.
바느질을 마무리할 때 중간에 실이 모자라 끝내야 할 때는 원단의 뒷면에서 밀착하여 매듭을 두 번 짓는다.

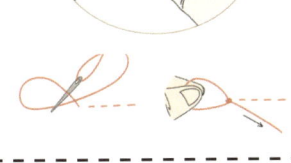

눈, 코, 입 자수

전용 펜으로 밑그림을 그린 후, 색실로 밑그림을 채우듯 여러 땀을 겹쳐 수놓는다.
(눈, 코 등 면적을 채우는 곳은 촘촘하게 수놓고, 인중, 입은 박음질 사용)

이니셜 자수

글자 밑그림 따라 박음질 하기.
바늘땀끼리 간격이 떨어지지 않게 꼭 붙인다.

17 | 안녕, 나의 인형

3. 원단 따라 달라지는 인형 바느질

어떤 원단이든 인형 바느질을 할 수 있다. 의지만 있다면!!
바느질하기에 까다로운 원단을 알아두는 것이 좋다.
* 너무 얇아서 안의 충전재나 가장자리 시접이 겉에서 비치는 원단
* 원단의 올이 성글어서(망사) 안의 솜(충전재)이 밖으로 빠져나오는 원단
* 너무 두껍거나 뻣뻣해서 손으로 바느질하기 어려운 원단

어려움이 있는 재료들을 보완하는 방법을 찾아요!
얇은 원단이나 망사 원단은 안감을 덧대서 만들면 또 다른 느낌의 인형이 돼요!

x 원단의 기본: 신축성 - 늘어나거나 안 늘어나거나

* **늘어나는 원단** → 바느질할 때는 가장자리 곡선 모양을 잡기가 수월하고, 완성 인형은 더욱 폭신하다.
* **안 늘어나는 원단** → 바느질할 때 뻣뻣해 다루기 쉽지 않고, 완성 인형은 날씬한 형태로 폭신함은 덜하다.

x 인형 만들기 좋은 원단

인형을 만들 때는 주로 타올지와 벨로아, 짧은 길이의 털원단을 사용한다.

인형의 옷에는 얇은 무늬 원단을 자주 사용한다.

* **타올지*, 벨로아* 원단**: 단면의 원단으로 신축성이 있어 완성했을 때, 부드러운 곡선이 잘 표현되고 폭신하다.
* **털 원단**: 털 길이, 털의 밀도에 따라 다양한 종류가 있고, 만들었을 때, 바느질 선이 가려지고 풍성한 느낌을 낼 수 있다. 바느질 후에 뒤집고, 바느질 선에 끼어있는 털을 바늘이나 빗 같은 도구를 이용해 빼주어야 한다.

x 헌 옷 활용 노하우

* 버리기 아까운 헌 옷은 오염이 없는 부분 중 사용할 수 있는 넓은 부위로 재단해 준비한다.
* 니트류처럼 올풀림이 있는 원단은 가장자리 오버로크 처리를 하거나, 더 이상 풀리지 않게 테이프를 붙이는 것도 방법!
* 원단의 앞면과 뒷면, 식서방향을 미리 표시해 놓는다.

---

* 타올지 towel-: towel(수건)에서 유래한 용어로 수건 촉감에 시원하고 땀 흡수가 잘되는 원단
* 벨로아 velour: 섬세하고 조밀한 실 보풀이 일어나도록 기모(起毛)한 천
* 벨로아와 벨벳은 닮았지만 다른 천
  - 벨로아는 편직물인 니트로 신축성이 좋아 잘 늘어남
  - 벨벳은 직물로 촉감은 부드럽지만 신축성이 거의 없어 늘어나지 않음

Tip!

< Part I 오늘부터 인형 바느질 >

자투리 천으로 바느질 연습 *자투리 천으로 연습을 하거나 만들 때, 꼭 확인해야 하는 것들*

원단 구매 시에 기본 정보를 얻거나, 원단의 가장자리에 정보가 들어가는 경우도 있지만,
자투리 조각천일 경우는 정보를 알 수 없으므로 기본적인 부분을 체크해야 합니다.
- 신축성이 있는지 여부
- 식서방향(원단의 직조방향)
- 앞면과 뒷면 확인

창구멍

창구멍은 원단을 뒤집는 구멍이면서, 인형 전체에 충전재(솜)를 넣는 부분이에요.
마지막 단계에서 공그르기도 해야 하죠. 충전재를 고루 넣기 편한 인형의 중앙에 있는 직선 부분이 좋아요.
둥근선은 공그르기 바느질이 쉽지 않아요.

겨드랑이

겨드랑이 부분은 몸통과 팔의 도안선이 가까이 만나요.
시접에 가위집 부분이 깊이 들어가 있어서 솜을 넣을 때 양쪽 끝이 터지기 쉬워요.
시접 정리하기 전에 겨드랑이 부분에 바느질을 한 번 더 겹쳐서 해주면 터짐을 방지할 수 있어요.

시접 정리

① 시접의 폭을 0.5cm 간격으로 잘라내요.
② 둥근 도안 선의 시접은 좁은 간격으로 가위집을 넣어요. (신축성 없는 원단만 해당)
③ 모서리 도안 선의 시접은 대각선으로 잘라내요.
④ 창구멍의 시접은 폭을 조금 넓게 남기고, 가위집을 넣지 않아요.

작가 이야기 한 땀 두 땀

"첫 만남"

바느질과의 첫 만남을 생각하면 자연히 나와 남편의 첫 신혼집이 떠오른다. 부동산 사장님과 어느 주택가 골목 코너를 도는데, 밝은 회색 외벽을 가진 3층 건물 앞 담장 위로 새빨간 장미가 풍성하게 피어있었다. 부드러운 필터를 덧씌운 사진 한 장 같았다. "이런 집이면 정말 좋겠어." 남편 귀에 소곤거렸다. 강렬한 5월의 햇살처럼 붉은 장미 주택 2층에 우리는 터를 잡았다. 여기서 나의 바느질도 시작됐다.

당시 나의 작업을 정리하고 소개할 온라인 공간으로 블로그를 운영했다. 하루 이틀 한 땀 두 땀, 바느질 이야기가 쌓였다. 블로그를 통한 첫 판매 작품(?)-너무 쑥스럽지만 뿌듯했던-은 초록색 블랙워치* 원단과 오트밀 색감의 리넨*을 연결하여 만들고 에펠탑 라벨을 단 카드 지갑이었다. 나는 어느새 바느질 작가가 되었다.

집에는 더 이상 원단을 쌓아놓을 자리가 없었다. 엄지발가락으로만 걸을 수는 없는 일.
집에서 500미터 떨어진 상가 건물 401호에 바느질 공방을 열었다. 401호 달의 작업실.
남편과 그의 친구가 칠한 페인트 벽 한 편에 나는 나무와 도기로 직접 만든 세면대를 놓았다.
친구는 밥걱정은 안 해도 될 거라며, 작은 밥통을 선물했다.

첫 보금자리, 붉은 장미가 강렬한 추억으로 남은 첫 공간과 바느질.
이제는 다른 곳에서 일상을 꾸려가지만 그때의 모든 '첫' 만남은 여전히 설렌다.
언제 보아도 가슴 뛰는 새빨간 장미처럼.

----

* 블랙워치: 검은색과 녹색의 체크 무늬 군복을 입었던 영국 육군의 부대 이름에서 유래되어 지금까지도 사용되는 인기가 많은 체크무늬 원단
* 리넨: 아마식물의 줄기로 만든 아마사로 짠 직물

작가 이야기 한 땀 두 땀

"손바느질로는 아무것도 바꿀 수 없지만"

손바느질은 바늘과 실, 원단, 그리고 손이 하는 일이다. 그게 다.

바느질은 혼자만의 작업이지만 많은 관계로 연결되는 일이다. 바느질하며 많은 사람을 만나고 그들의 이야기를 듣고 함께 나눈다. 어제 있었던 일들, 지난 인생 이야기, 꿈에 대해서도, 지난 일이기도 하고 아직 여전하기도 한 상처들까지.

웃다가, 찔리다가, 울다가, 매듭짓듯 함께한다. 일주일에 한 번, 적당히 느슨하면서 단단히 엮인 알맞은 온도로 공방 안이 따스해진다. 일주일 후, 바느질하는 날만 손꼽아 기다렸다며 다시 문을 열고 들어서는 이들과 다시 바느질과 인생 이야기를 이어간다. 무척 천천히, 바느질 시간에 맞춰.

인생 별거 없어도 괜찮다고 말해주는 A, 몰랐던 세상에 몰랐던 것을 알려준 T, 관계의 관계를 기꺼이 내보인 J. 하루 수업 후 지금까지도 만나지 못하는 O와 길고 긴 시간 곁에서 바느질 동무가 되어준 그대도. 손바느질이라는 느리고 다소 귀찮은 수고를 마다하지 않는 우리의 세상은 그렇게 따뜻하다. 미완성인 나라는 사람도 그 안에서 아주 천천히 배워간다.

어떤 아픔을 가슴에 안고 사는지, 어떤 고민에 손가락이 따끔 찔리는지.
손바느질로는 아무것도 바꿀 수 없지만, 우리는 함께 딱 그 정도의 바느질 시간을 공유한다.

작은 공방 세상에서 지금 가장 중요한 건, 각자의 마음에 쏙 드는 인형 얼굴을 완성하는 거니까.

나는 그들에게 미리 그린 도안 선이기도 하고, 삐뚤어지지 말라 꽂은 시침 핀 같기도 하다. 가끔 싹둑, 가위이기도.

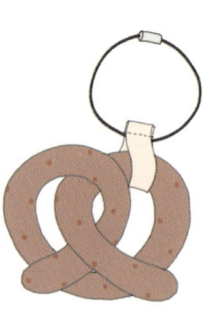

Part II 한 땀 두 땀 인형 손바느질

난이도 下
- 동그라미
- 길쭉이
    + 프레첼
- 작은 동물 얼굴

동그라미 ⚊

조각 원단으로 작은 동그라미부터 시작해볼까요?
단순한 동그라미도 인형으로 뚝딱!
각기 다른 표정으로 만들어 한자리에 모아봐요!
재미난 이야기가 시작돼요!

원단은 다양한 색감과 종류로! 크기와 표정도 다양하게!

 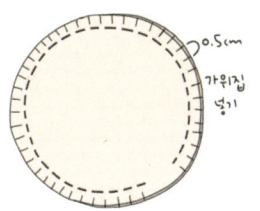 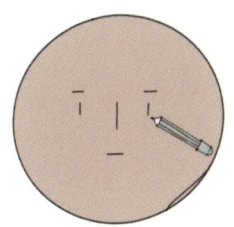

* 완성 사이즈: 5x3cm, 6x4cm

<재료와 도구>

원단: 10x5cm, 12x6cm (여러 가지 원단)
자석 (15mm 원형)
솜
얼굴용 색실

<동그라미 만들기>

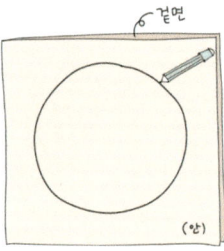

1. 원단을 겉면끼리 마주 보도록 반으로 접고 안쪽 면 위에 도안지를 대고 선을 그린다. (창구멍*을 미리 표시한다)

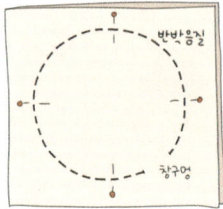

2. 도안 선을 따라 원단의 색과 비슷한 색상의 실로 촘촘하게 반박음질 한다. (창구멍은 바느질하지 않고 남겨놓는다)

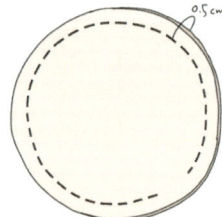

3. 바느질한 선에서 밖으로 0.5cm 정도의 시접*을 남기고 잘라낸다.

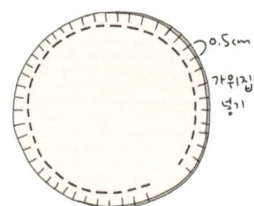

4. 시접에 0.5cm 간격으로 가위집을 넣어 준다. (창구멍 시접 X)
* 신축성이 있는 원단은 이 과정을 생략한다.

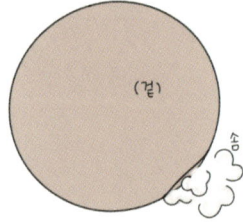

5. 창구멍을 통해 뒤집고, 안으로 솜을 넣어 모양을 잡는다.

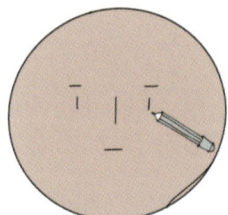

6. 한쪽 면에 원단용 펜으로 눈코입 밑그림을 그린다.

<Part II 한 땀 두 땀 인형 손바느질 | 난이도 下>

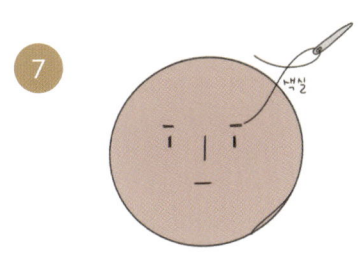

⑦ 색실로 얼굴 수를 놓는다.
(시작매듭은 창구멍의 안쪽으로 넣어준다)

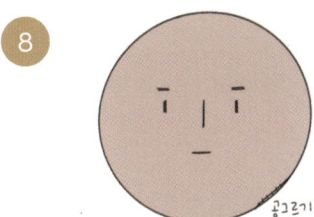

⑧ 얼굴 반대쪽 면에 자석을 넣고 창구멍을 공그르기로 마무리한다.
(자석은 원단 안쪽에 밀착되도록 넣는다)

\# 정확히 동그란 모양이 되지 않더라도 슬퍼하지 마세요.
   나만의 특별한 동그라미면 충분해요.

\# 눈이나 코를 단추, 비즈를 달아 표현해도 재미있어요.

* 창구멍: 바느질한 원단을 뒤집고 솜 넣는 구멍
* 시접: 바느질 선 바깥쪽 원단의 여유 부분

길쭉이 x ────────

길쭉길쭉~ 어디까지 길어질까요?!

동그라미 세 개가 모이면 완두콩 삼형제!

초록 이파리 위에 올리면 애벌레!

올록볼록 꿈틀꿈틀 보아뱀은 어때요? 코끼리를 숨길 수도 있겠죠!

상상을 초월하는 꼬불꼬불 길쭉이 인형~

신축성 있는 원단의 식서방향을 반대로 바꿔 만들면 사용할 수록 길~어져요!

<Part II 한 땀 두 땀 인형 손바느질 | 난이도 下>

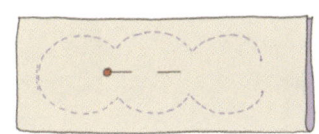

* 완성 사이즈: 기본 길쭉이 3.5x13cm, 긴 길쭉이 3.5x27cm

<재료와 도구>

원단: 기본 길쭉이 11x11cm, 긴 길쭉이 24x11cm
눈용 흰색 펠트지 (4x2cm)
고리용 면 끈 (5cm)
키링
솜
얼굴용 색실

<길쭉이 만들기>

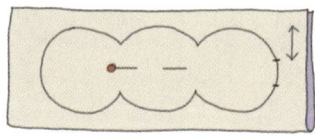

1. 원단을 앞면끼리 마주 보도록 반으로 접고 안쪽 면 위에 도안지를 대고 선을 그린다.
(창구멍을 미리 표시한다)
* 긴 길쭉이의 창구멍은 옆 선 중간에 둔다.

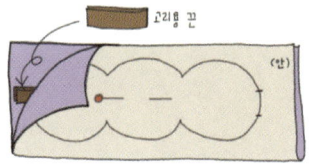

2. 고리용 면 끈은 미리 원단 사이에 끼워 넣고 고정한다.
(접힌 부분이 안쪽을 향하도록)

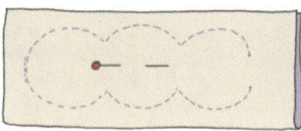

3. 도안선을 따라 원단의 색과 비슷한 색상의 실로 촘촘하게 반박음질 한다.
(고리용 끈 끼운 부분은 한 번 더 바느질한다)
* 긴 길쭉이는 바느질이 많아질 뿐 과정은 동일하다.

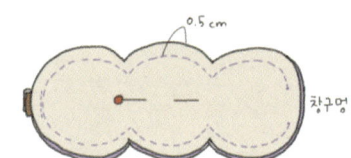

4. 바느질한 선에서 밖으로 0.5cm 정도의 시접을 남기고 잘라낸다.

5. 창구멍을 통해 뒤집고, 안으로 솜을 넣어 모양을 잡는다.

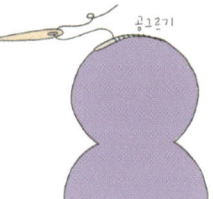

6. 둥근 선을 맞춰 창구멍을 공그르기 바느질로 마무리한다.

7. 펠트지를 동그랗게 2개 자른 후, 눈 위치에 놓고 그 위에 매듭을 지어 눈 수를 놓는다.
(마무리 매듭은 펠트지 밑에 숨긴다)

\# 짧은 길쭉이, 긴 길쭉이, 중간 길쭉이~ 길이를 다양하게
\# 긴 형태의 인형일 때는 창구멍을 중앙으로!
　충전재를 고루 넣기 편해요~

* 완성 사이즈: 10x8cm

+ 프레첼 x

길쭉이를 구부리면 맛있는 프레첼로 변신!

길쭉이로 응용해요~

<재료와 도구>

원단: 늘어나는 원단 23x8cm

고리용 면끈 (9cm)

솜

<프레첼 만들기>

1 원단을 반으로 접고 뒷면의 접힌 부분에 도안지를 맞춰 대고 선을 그린다.

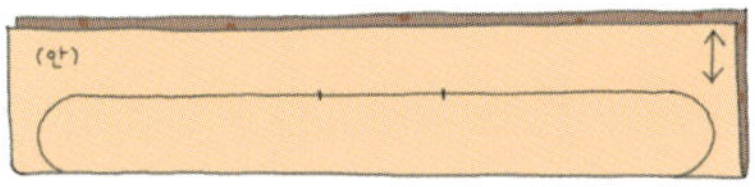

2 도안 선을 가운데 창구멍만 빼고 촘촘하게 반박음질 한다.
(원단 두 겹이 움직이지 않도록 시침 핀을 꽂는다)

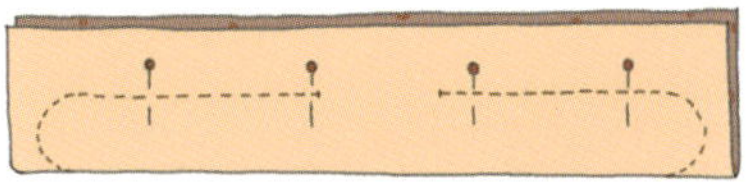

3 바느질한 선에서 밖으로 0.5cm 정도의 시접을 남기고 잘라낸다.

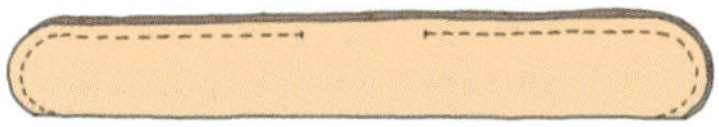

4 창구멍을 통해 뒤집고, 안으로 솜을 넣고 창구멍을 공그르기로 막는다.

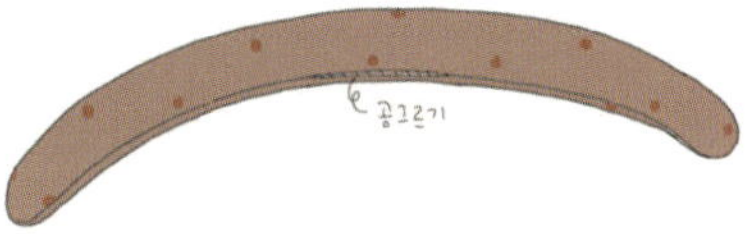

5 프레첼 모양으로 전체를 꼬아준 후, 겹치는 부분을 공그르기로 고정한다.

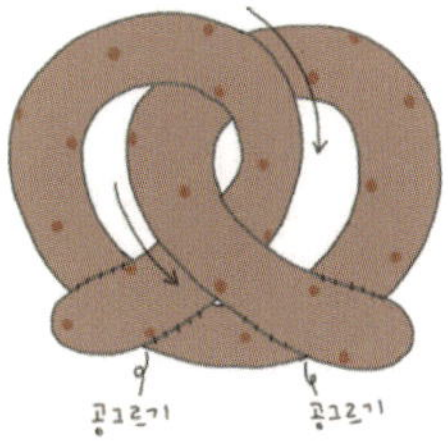

6 한쪽에 고리용 면끈으로 감싸 겹친 두 끝을 박음질 하여 고정한다.

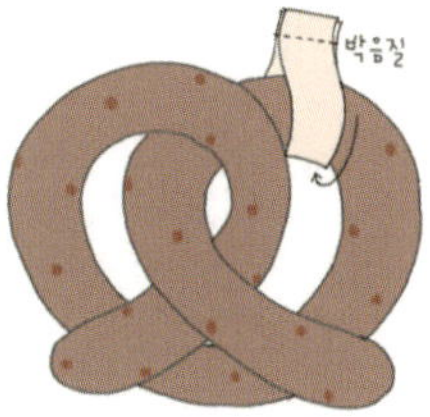

\# 키링용 고리를 면 끈 부분에 끼우면 나만의 프레첼 키링 완성!

\# 작은 브로치에 붙여도 귀여워요~

\# 먹지 마세요~ 얌얌

작은 동물 얼굴 x ―――――

귀여운 동물의 깜찍한 얼굴을 만들어요~
끈 길이를 달리하며 가방에도 달고 열쇠고리로도 쓰고요~
우리 집 예쁜이들의 얼굴로 만들면 좋겠죠!

색실로 눈, 코, 입을 자유롭게 표현해요.
원단에는 구슬이나 눈 장식을 달아 다양하게 만들어요!

손바느질로 한 땀 두 땀 | 40

<Part II 한 땀 두 땀 인형 손바느질 | 난이도 下>

곰, 토끼, 강아지 각각 조금씩 크기 차이가 있어요.
원단 종류와 사이즈를 조금씩 다르게~

* 완성 사이즈: 곰 10x7cm, 토끼 7x10cm, 강아지 13x6cm

<재료와 도구>

원단: 곰 24x10cm, 토끼 20x13cm, 강아지 31x10cm
고리용 고무 밴드 (각 25cm)
얼굴용 색실
솜
코용 구슬
인형용 눈알

41 | 안녕, 나의 인형

<작은 동물 얼굴 만들기>

 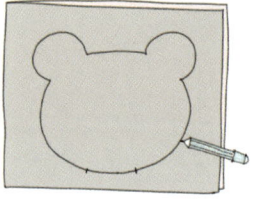

원단을 겉면끼리 맞대어 반으로 접고* 안쪽 면 위에 도안 선을 그린다. (창구멍을 표시)

 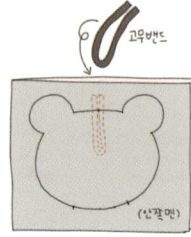

고리용 고무 밴드를 반으로 접어 도안 선 위쪽 중심축에 두 원단 사이로 끼워넣고 고정한다.

 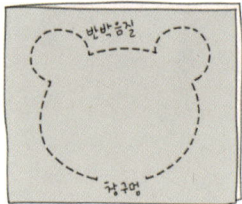

도안 선을 따라 촘촘하게 반박음질 한다.

 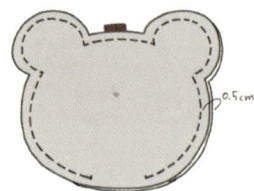

바느질한 선에서 밖으로 0.5cm 정도 시접을 남기고 잘라낸다.

창구멍을 통해 뒤집고, 안으로 솜을 넣어 모양을 잡는다.

 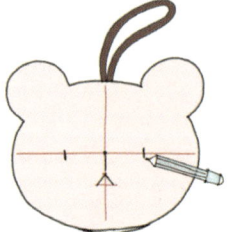

한쪽 면에 원단용 펜으로 눈코입의 밑그림을 그린다.

7 색실로 얼굴 수를 놓는다.
(시작매듭은 창구멍의 안쪽으로 넣어준다)

8 창구멍을 공그르기로 마무리한다.

\# 긴 털이나 기모 등 두께가 있는 원단은 수놓은 실이 잘 안 보여요.
\# 비즈나 장식품으로 눈과 코를 만들어주면 더욱더 입체적이에요.

시작과 마무리 매듭은 단추나 눈알 밑부분으로 지어 숨긴다.

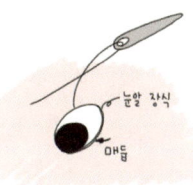

코나 눈 모양 재료를 달아준다.

작가 이야기 한 땀 두 땀

"손님과 인형과 나"

한동안 인형들을 둘러보던 손님은 말했다. "하얀 토끼 인형이 좋겠는데……."
당장 있는 인형은 전시용이라 새로 만들어야 했다. 주문서를 작성하면서 손님은 조심스레 덧붙였다. "고3 딸아이에게 주는 선물이에요. 혹시 가능하다면 웃는 얼굴로 수놓아주실 수 있나요? 인형을 보는 순간만이라도 아이가 행복하면 좋겠어요."

순간, 마음이 울컥했다. 손님 얼굴 너머의 고3 딸아이에게 환하게 웃어주고 싶어졌다.
늘 그렇다. 손바느질로 만든 인형이 손님-나에게는 손님, 인형에게는 가족-에게로 가 행복한 미소를 주고받는 일처럼 뿌듯하고 감사한 일은 없다.

인형을 만드는 마지막 과정은 인형의 표정을 수놓는 일이다. 인형의 탄생, 탯줄을 끊는 마음, 숨결이 닿아 생명이 되는 순간, 인형 얼굴에 수 좀 놓아본 우리는 창조의 작업이라 말한다.
손님이 주문한 하얀 토끼 인형에는 더 깊고 진한 기운을 더했다.
'더 많이, 더 자주 행복해져라!'

오후 6시가 되면, 공방 문을 닫는다. 다시 엄마로, 아내로 돌아갈 시간이다. 불 꺼진 공방 풍경을 좋아한다. 공기의 입자가 좀 더 굵게 느껴져 아늑하다. 나의 손을 거쳐 생명을 얻은 인형들도 이 시간을 기다릴지 모른다. 어느 장난감 세상 애니메이션처럼 공방 세상을 뛰어놀 수도. 행복 기운을 부여받은 하얀 토끼가 잠든 고3 딸아이의 손을 꼭 잡아주었을지도.

작가 이야기 한 땀 두 땀

"언제부터 좋아한 걸까"

엄마는 물론 언니와 동생에게도 없는 나의 바느질 DNA는 도대체 어디서 온 걸까?

20대 때 언니가 사준 중고 재봉틀로 자취방 커튼을 만들 때였을까?
더 거슬러 올라, 중학교 시절 청바지로 치마를 만드는 유행에 동참했던 때일까? 물론 그때 손바느질로 완성한 흰 청치마는 끝내 입어본 적은 없었지만.
아니면 더 이전?
초등학생(당시 나는 국민학교를 다녔지만)이었던 나와 언니는 처음으로 용돈을 모아 마론인형을 샀었다. 그래, 아마도 그때부터인 것 같다. 외국산 바비인형과 비할 수 없는 초라한 국산 인형이었지만 나와 언니에게는 무척이나 소중한 첫 인형이었다. 엄마 몰래 막냇동생의 양말을 잘라 옷도 만들어 주고, 노란 고무줄로 머리도 묶어주며 참 소중히도 다뤘었다. 나중에 엄마에게 엄청난 꾸중을 들어야 했지만, 꼼지락거리며 인형에게 줄 옷을 만들던 기쁨은 여전히 또렷하다.
지금 손바느질로 완성한 인형의 미소는 그날의 나와 같았을까?
난 아마도 바느질 영재가 아니었을까? 그래. 그때부터다. 좋아하는 마음은.

손바느질로 한 땀 두 땀 | 50

Part II 한 땀 두 땀 인형 손바느질

난이도 中
- 곰돌이
- 토끼
- 사자
- 코끼리

곰돌이 x

<Part II 한 땀 두 땀 인형 손바느질 | 난이도 中>

인형 손바느질 기본 중의 기본!

곰돌이를 만들어요~

아빠곰도 뚱뚱하지 않아요~ 날씬~하게!

엄마곰은 무조건 예뻐요~ 아기곰은 정말 정말 정말 귀엽죠!

뭐, 중요한가요~ 이건 나만의 곰돌이 인형!

신축성 없는 원단은 피해요! 곰돌이가 찌그러져요.

곰돌이 얼굴 부분의 돌출된 입 모양이 어려우면 생략해요.

그래도 도전~

  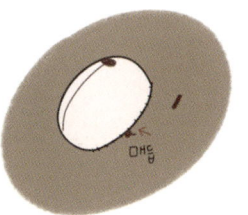

<재료와 도구>

원단: 몸통 38x28cm, 돌출입 10x10cm
솜
얼굴용 색실

* 완성 사이즈: 17x24cm

<곰돌이 만들기>

원단을 겉으로 반 접어 안쪽 면에 도안 선을 그린다.
(옆구리 부분에 창구멍 표시)

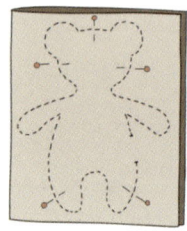

도안 선을 따라 촘촘하게 반박음질 한다.
양쪽 겨드랑이 부분만 바느질 한 번 더 한다.

바느질한 선에서 밖으로 0.5cm 정도의 시접을 남기고 잘라낸다.
(겨드랑이 부분은 시접을 깊숙이 잘라주어야 한다)

창구멍을 통해 뒤집고, 솜을 넣은 후, 공그르기로 막아준다.

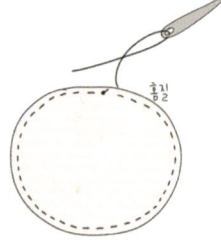

흰색 원단에 그린 돌출 입 도안 선을 따라 흰색 실로 홈질한 다음 당긴다.

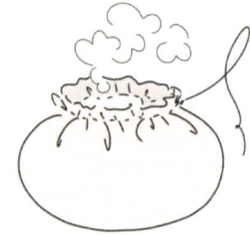

안쪽에 솜을 단단하게 넣어 오므리고 매듭짓는다.

<Part Ⅱ 한 땀 두 땀 인형 손바느질 | 난이도 中>

곰의 얼굴 위에 돌출 입을 올려 누르듯 잡고, 맞닿는 경계를 따라 촘촘하게 공그르기로 고정한다.

둥근 돌출 입의 둥글게 내려온 아래쪽과 공그르기 한다.

돌출 입에 코와 입, 그 양옆으로 눈을 원단용 펜으로 밑그림을 그리고, 갈색 실로 수놓는다.

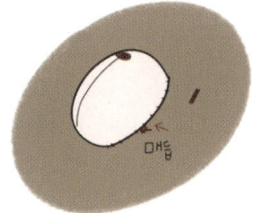

시작매듭은 돌출 입 경계의 바늘땀 사이로 넣어 숨기고, 마무리도 틈으로 빼서 매듭지은 후 그 옆으로 넣어 반대편으로 빼서 실을 자른다.

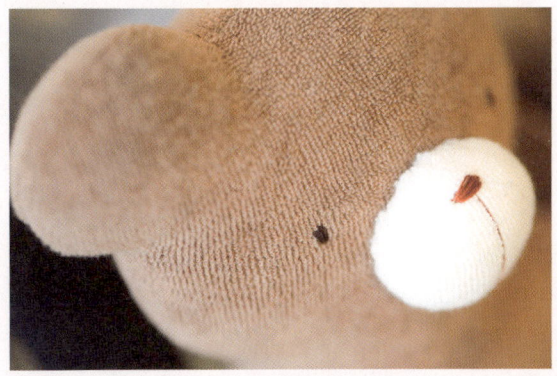

55 | 안녕, 나의 인형

토끼 ×

<Part Ⅱ 한 땀 두 땀 인형 손바느질 | 난이도 中>

토끼는 옆모습으로 만들어요.

옆모습 도안은 한 개의 선으로 동물의 윤곽을 그려준다 생각하면 수월해요.

토끼는 기다란 귀와 동그란 꼬리가 특징이에요.

예쁜 귀 흩날리며 금방이라도 뛰어갈 것 같은 나만의 귀여운 토끼를 완성해요!

토끼의 특징인 귀와 꼬리는 몸통과 다른 색색의 원단을 사용해요.

* 완성 사이즈: 11x19cm

<재료와 도구>

원단: 몸통&귀 28x18cm, 꼬리 9x9cm
솜
딸랑이 소리 도구
리본용 끈(22cm)
얼굴용 색실

<토끼 만들기>

1. 귀, 몸통, 꼬리 도안을 각각 원단에 맞춰 그리고 1cm씩 시접을 주고 재단한다.

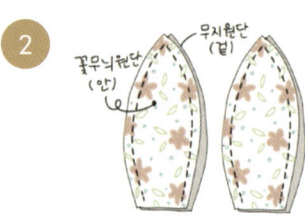

2. 귀용 꽃무늬 원단과 무지 원단을 겉면끼리 겹친 후, 도안 선대로 반박음질 한다.

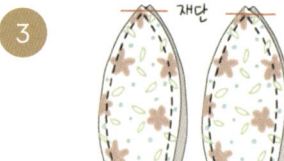

3. 시접을 0.5cm 폭으로 자르고, 끝의 뾰족한 부분의 시접은 일자로 잘라낸다.

4. 귀를 뒤집은 후, 안으로 솜을 조금 넣고, 아래 시접 부분에 두세 땀 박음질한다.

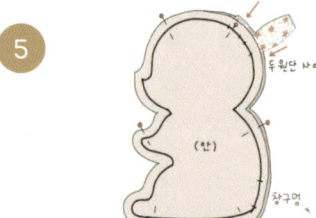

5. 몸통용 무지원단 2장을 겉면끼리 겹치고 사이에 앞에서 만든 귀를 위치에 맞게 거꾸로 끼워 시침 핀으로 고정한다.

6. 도안 선을 따라 촘촘하게 반박음질 한다. (창구멍은 바느질 X)

<Part II 한 땀 두 땀 인형 손바느질 | 난이도 中>

 7

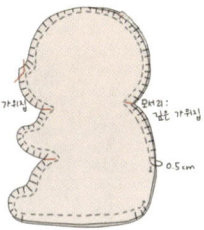

0.5cm 정도의 시접을 남기고, 둥근 부분의
시접에 0.5cm 간격으로 가위집을 넣어 준다.
(직선 부분, 창구멍 시접은 가위집 X)

8

창구멍으로 뒤집어 안으로 솜을 넣고
공그르기 바느질로 막는다.

 9

양쪽에 눈 밑그림을 그리고, 갈색 실로 수놓는다.
(시작, 마무리 매듭은 눈 수 밑에 숨긴다)

 10

꼬리용 털 원단을 둥근 도안 선을 따라
홈질하고, 실을 당기면서 안에 솜을 넣어
오므린다.

 11

몸통의 아래쪽에 꼬리를 공그르기로 연결한다.

 12

목에 리본 끈을 묶어준다.

사자 ×———

같은 듯 다른 건, 갈기 차이!

곰돌이 인형 더하기 갈기에 곰돌이보다 작은 귀, 작게 돌출한 입을 달면~

어흥! 밀림의 왕 사자!

무섭지 않아요~ 나만의 사자는 이렇게 사랑스럽죠!

갈기 부분은 원단이나 털실, 끈 등 다양한 종류로 만들 수 있어요.

<Part Ⅱ 한 땀 두 땀 인형 손바느질 | 난이도 中>

 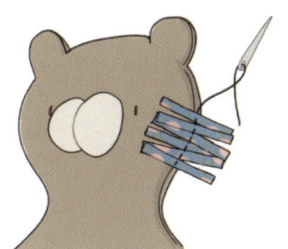 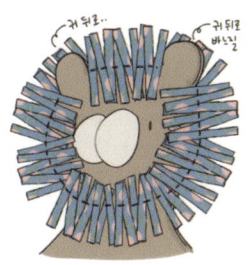

* 완성 사이즈: 13x27cm

<재료와 도구>

원단: 몸통 34x28cm, 돌출 입 10x10cm, 갈기 40x15cm
솜
얼굴용 색실

<사자 만들기>

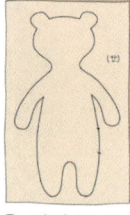

몸통용 원단을 겉면 쪽으로 반을 접고 안쪽 면 위에 도안 선을 그린다.

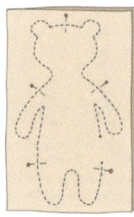

도안 선을 따라 촘촘하게 반박음질 한다.
(양쪽 겨드랑이 추가 바느질)

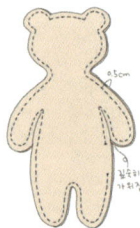

바느질한 선에서 밖으로 0.5cm 정도의 시접을 남기고 잘라낸다.
(겨드랑이는 깊숙이 가위집을 넣는다)

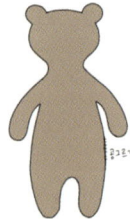

뒤집어 안으로 솜을 넣어 모양을 잡은 후 창구멍은 공그르기 한다.

돌출 입 원단을 흰색 실로 도안 선을 따라 홈질하여 당기면서 안에 솜을 넣고 오므린다.

당긴 실의 매듭을 굵게 지은 후, 그 실로 정중앙을 두 번 감아 당겨 원단에 매듭짓는다.

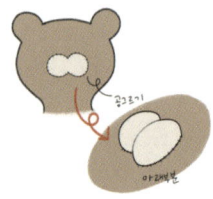

돌출 입을 얼굴 위에 올려 누른 상태로 맞닿는 경계를 따라 공그르기 바느질한다.

<Part II 한 땀 두 땀 인형 손바느질 | 난이도 中>

얼굴 면에 원단용 펜으로 눈을 그리고, 색실로 수놓는다.

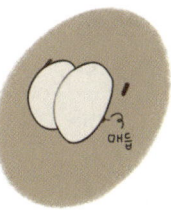

시작, 마무리 매듭은 돌출 입의 아래쪽으로 넣어준다.

갈기용 원단을 1 x 7cm 폭으로 재단한다.
(60조각 정도)

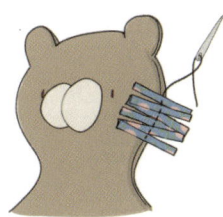

얼굴의 둘레를 따라 갈기용 원단의 중간 부분이 겹치도록 올려놓고, 반박음질 하며 고정한다.

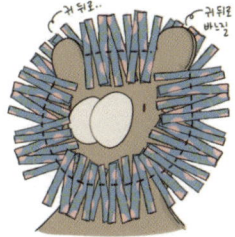

삐뚤빼뚤하게 달아주며, 귀부분은 뒤쪽으로, 턱 부분은 자연스럽게 앞으로 갈기를 달아준다.

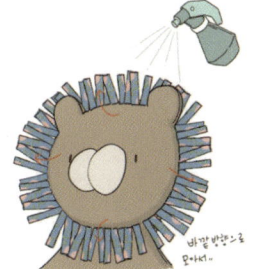

갈기 부분에 물을 뿌리고, 가운데로 모아 주어 말린다.
(실올을 지저분하지 않게 뽑아 정리한다)

코끼리 x

커다란 귀와 기다란 코가 특징인 초식동물 코끼리!
코끼리만큼 내가 원하는 대로 표현하기 좋은 동물은 없어요.
두 귀는 하늘을 날 수 있을 만큼 커다랗게 만들어도 좋고요~
땅에 닿을 듯 기다란 코를 달아줄 수도 있죠.
크기에 따라 수많은 동화가 탄생할 것 같은 나만의 코끼리를 만들어요.

  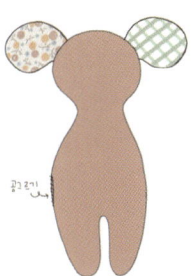

* 완성 사이즈: 16x25cm

<재료와 도구>

원단: 몸통&코&귀&팔 50x30cm, 귀 앞면 8x9cm 2장(체크무늬, 꽃무늬)
솜
얼굴용 색실
긴바늘
팔 연결용 단추 2개

<코끼리 만들기>

1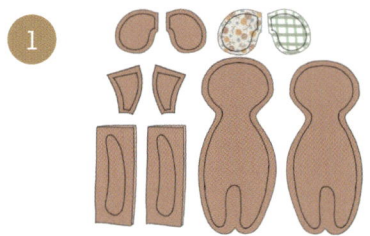
각각의 도안에 맞춰 원단의 안쪽 면에 도안선을 그리고 시접 1cm를 주어 재단한다.

2
귀 원단 2장과 각각 체크 원단과 꽃무늬 원단을 겹쳐 반박음질 한다.
(창구멍인 직선 부분은 바느질하지 않는다)

3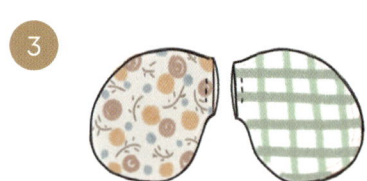
바느질된 부분의 시접 정리를 하고, 창구멍으로 뒤집은 후, 안으로 솜을 조금 넣는다.(시접 폭을 좁게 자르고, 둥근 도안선 부분만 가위집을 넣는다)

4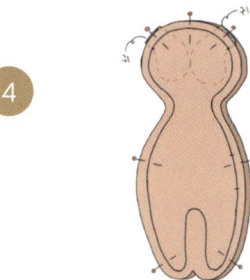
몸통용 원단 두 장을 겉면 쪽으로 겹치고, 머리 위치에 양쪽 귀를 두 겹 사이로 끼워 시침 핀으로 고정한다.(귀를 거꾸로 넣는다)

5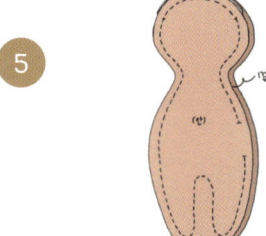
허리 부분에 창구멍을 남기고, 전체를 촘촘하게 반박음질 한다.
(귀 끼운 부분도 촘촘하게 바느질한다)

6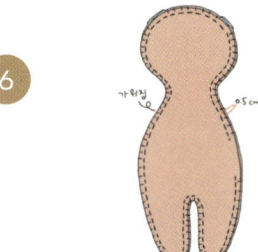
둥근 도안선 부분의 시접을 0.5cm 간격으로 가위집을 넣는다.(끼워놓은 부분과 귀의 시접은 가위집을 넣지 않는다)

<Part Ⅱ 한 땀 두 땀 인형 손바느질 | 난이도 中>

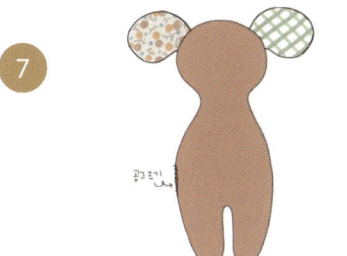

7 창구멍으로 뒤집고, 안으로 솜을 넣어 공그르기 한다.

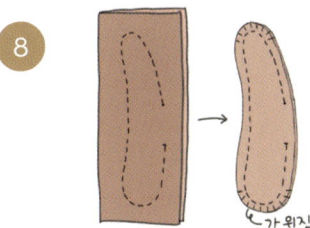

8 팔용 원단을 두 겹으로 겹쳐, 반박음질 하고, 둥근 부분에 가위집을 넣어 시접 정리한다.

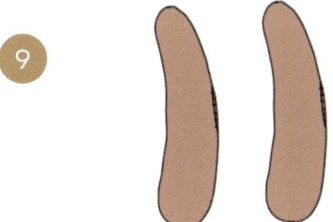

9 창구멍으로 뒤집어 솜을 넣은 후, 공그르기로 막는다.

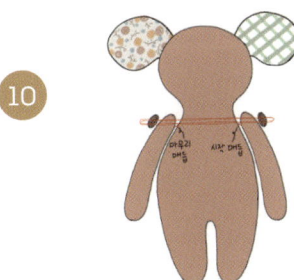

10 몸통의 양옆에 팔을 단추와 함께 인형 연결용 긴바늘을 이용해 달아준다.

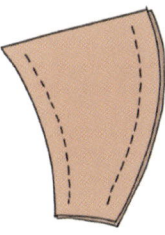

11 코용 원단 두 장을 겹친 후, 양 옆선만 먼저 반박음질 한다.

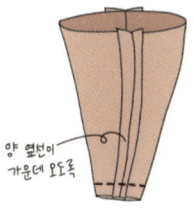

12 바느질한 양 옆선이 가운데로 오도록 겹친 후, 아래의 가로선을 반박음질 한다.

13

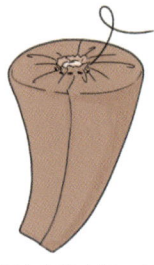

전체를 뒤집어 솜을 넣고, 시접 부분을 따라 홈질 해 실을 당기며 오므려 매듭짓는다.

14

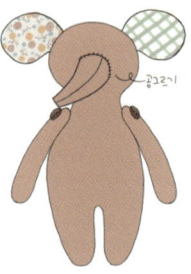

얼굴에 코를 대고, 맞닿는 가장자리를 따라 얼굴에 공그르기로 연결한다.

15

코의 양옆에 눈과 눈썹을 수놓고, 양쪽 귀를 아래로 내려 얼굴 양 옆선에 겹쳐 바느질로 고정한다.

<Part II 한 땀 두 땀 인형 손바느질 | 난이도 中>

 **팔 연결 Tip!** ✕ ─────────────────────────────

\# 팔 연결을 위해서는 긴 바늘이 필요해요.

\# 보통 8~10cm 길이의 바늘이 편해요.

\# 팔과 몸통을 연결할 때는 실을 꽉 당겨서 밀착해요.

\# 시작과 마무리 매듭은 크게 몸통에 지어주세요.

작가 이야기 한 땀 두 땀

"날 닮은 나의 인형"

아주 오래전 홍대 근처에 작은 소품 가게가 있었다. 일상에서 꼭 필요한 생활용품은 아니지만, 하나쯤 갖고 싶은 물건을 파는 곳이었다. 나무, 유리, 패브릭 등 당시에는 다소 낯설지만 다양한 소재의 소품들이 적당한 간격을 두고 진열되어 있었다. 그저 바라만 봐도 기분이 좋아져 참새처럼 그냥 지나치지 못하고 방앗간 가듯 들락거렸다.

물건 하나하나에 마음 빼앗기던 어느 날 천 지갑 하나가 유독 눈에 들었다. 아주 짧게, 머리끝까지 찌릿한 전기가 통했다. 여러 종류의 천을 연결해 꿰맨 천 지갑은 정말 사람이 만든 것이 맞는지 의아할 정도였다. 그 반지갑은 바늘땀이 겉으로 드러나 보이도록-아마도 의도적으로- 삐뚤빼뚤하게 바느질한 솜씨가 정말 예사롭지 않았다. 천과 바느질을 통해 나에게 건네는 진중한 위트 같았다. 조금 의아하지만, 너무나 멋진 하나의 작품 같아서 나는 감히 손에 쥘 수 없었다. 가끔 매장으로 가 친구의 안부를 묻듯 눈인사하고 나오는 것이 고작이었다.

지갑 하나에 짜릿함을 느꼈던 일은 바느질 세상은 상상으로도 하지 않았던 시절의 이야기다. 몇 년 후 우연히 당시 지갑을 만들었던 작가를 만나게 되었다. 그때의 감흥을 회상하며 지갑과 작가의 안부를 호들갑스럽게 물었었다. 바느질하는 사람이 되었다는 얘기도 전했던 것 같다.

나의 흥분과 달리 작가는 평온히 웃어 보였다. 예사롭지 않은 눈빛이다. 작품은 만든 사람을 닮는다는 말을 믿는다. 작가의 미소와 진중한 눈빛에 그때 만난 지갑이 고스란히 엿보였다.

바느질하는 사람들의 얼굴을 보면 여러 의미를 담은 다양한 표정을 만난다. 실망하다가 심각했다가 다시 웃곤 하는, 인형을 향한 진지하고 따스한 눈빛들이다.

"인형은 만든 사람을 닮는다고 해요. 집에 가면 만든 인형과 단둘이 있어 보세요. 거울을 보듯, 꽤나 만족스러울 거예요."
천 지갑의 작가처럼, 내가 그랬듯, 수업 중에 나는 그렇게 말하곤 한다.

“오늘은 수업이 없어요.”

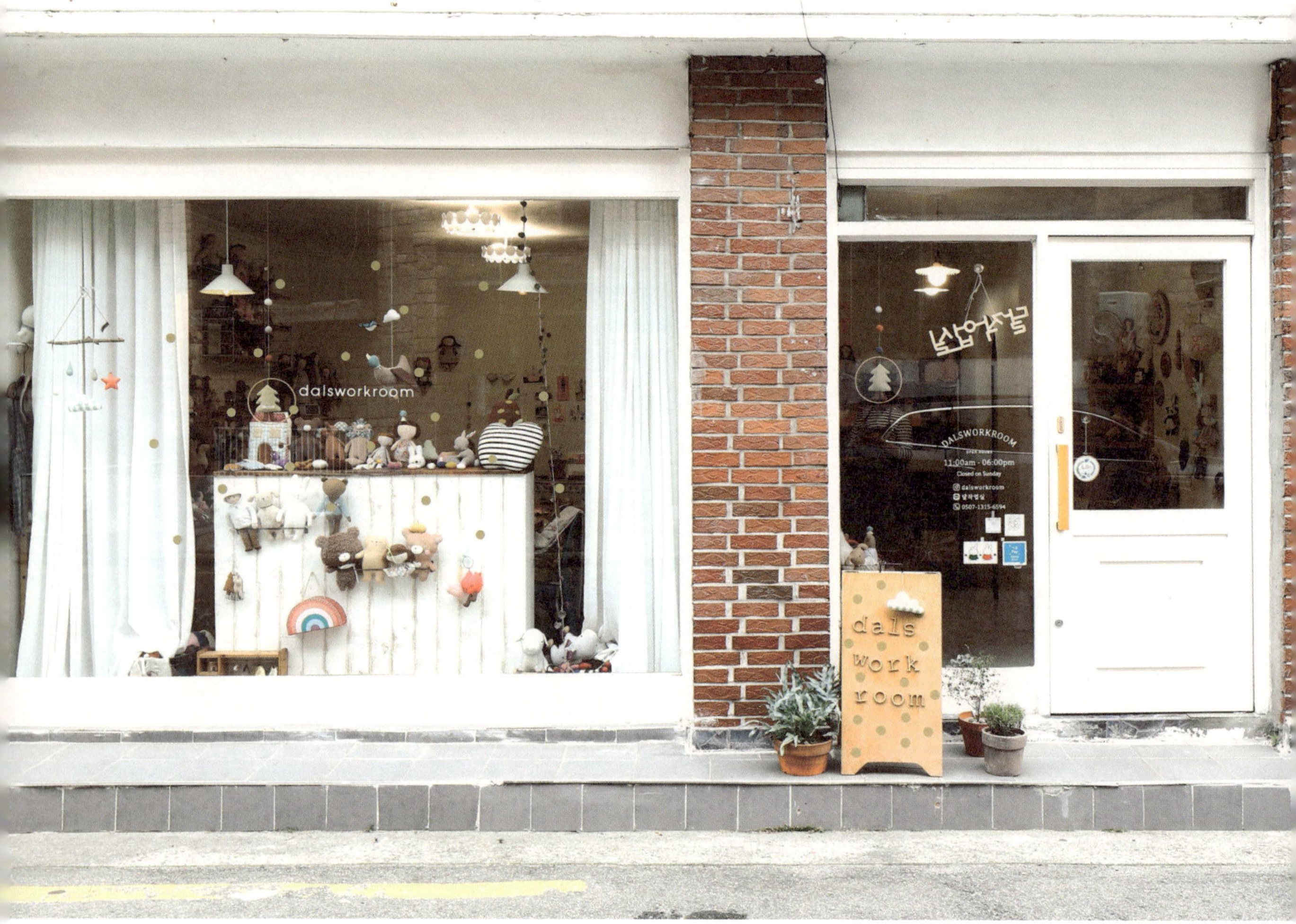
dalsworkroom
DALSWORKROOM
11:00am - 06:00pm
Closed on Sunday
dals
work
room

바느질에 집중하다 보면 어느새 골목을 비추던 노란 빛이 사그라진다. 한적하던 골목에 차들이 바삐 오가고, 건너편 건물에 사는 할머니들이 하루의 빛을 마중하듯 건물 앞에 줄지어 자리를 잡는다. 하루 일과를 마친 몇 사람은 쇼윈도 너머 인형들을 구경하고 짧은 감탄사와 함께 알 수 없는 표정을 짓곤 한다.

지금의 공방 자리는 1년 반 넘게 문이 닫혀있던 꽃집이었다. 유리와 벽은 온통 검은색이었다. 자리가 참 마음에 들어 문틈으로 힐끗 구경하는 날이 늘어갔다. 그러던 어느 날, 임대문의 종이가 붙여졌다. 이런저런 생각할 겨를 없이 바로 전화를 걸어 임대료를 물었다. 작정했던 것 하나 없이 골목 안에 '달작업실'을 열었다.

연이은 청소와 페인트칠, 나 홀로 전기 작업까지 하면서 나의 공간을 만들기 시작했다.
"골목이 어둡고 칙칙했는데, 인형 공방 덕분에 화사해졌어요."
함께 골목을 꾸려갈 이웃들과 감사의 마음을 나눴다. 그렇게 자리한지 어언 5년 차. 많은 인형이 이곳에서 만들어졌고 많은 이에게 사랑받았다.

자랑하고 싶을 만큼 대견했던 지난 시간, 나는 손바느질 인형 공방에서 꽤나 바쁘고 신나게 지냈다. 수강생들도 동료 작가들도 감사한 인연이 되어주었고, 나의 인형이 TV에도 나오고 연예인 품에 안겨 촬영하기도 했다. 오랜 팬이었던 키크니 작가와의 협업은 정말이지 꿈만 같았다.

이런 멋진 나날을 보낼 수 있던 건, 이 골목의 햇살 덕분이 아니었을까. 햇살을 맞이하는 우리 골목 할머니들 덕분이 아니었을까. 골목 안으로 들어서면 내 편이 자리한다는 생각에 마음은 한없이 든든해진다.

"고마워요. 오늘은 수업이 없어요. 골목의 햇살과 인사하는 날이에요."

 손바느질로 한 땀 두 땀 | 76

Part II 한 땀 두 땀 인형 손바느질

난이도 上
- 사람 인형 ① '몽실이'
- 사람 인형 ① '삐순이'
  + 인형 액세서리

사람 인형 ① '몽실이'

걱정인형, 날씨인형~ 나만의 애착인형!
두 손에 쏙 들어오는 크기로 앙증맞은 나의 인형과 인사해요.
안녕? 나의 인형!

머리와 몸통 색상이 전혀 다른 원단을 연결할 땐
밝은 색상의 원단에 맞춰 비슷한 색의 색실을 사용해요.

 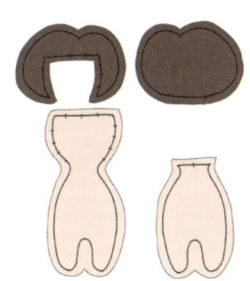 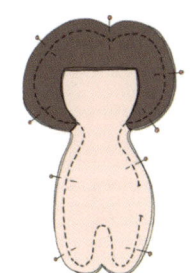

<재료와 도구>

원단: 몸통&팔 30x22cm, 머리 30x12cm
팔 연결용 단추 2개 (12mm)
얼굴용 색실
볼터치용 색연필
솜
긴바늘

* 완성 사이즈: 13x23cm

<사람 인형 ① '몽실이' 만들기>

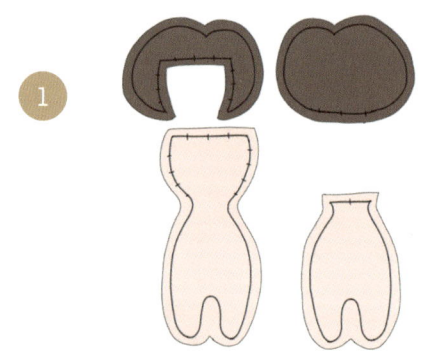

1. 앞머리 원단 + 앞몸통 원단 / 뒷머리 원단 + 뒷몸통 원단
앞과 뒤 각 원단에 도안 선을 그리고 시접을 주어 재단한다.

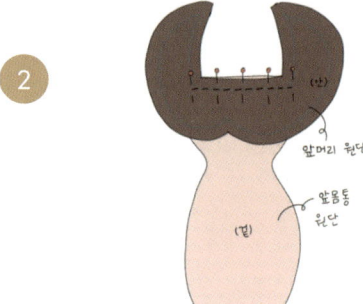

2. 앞 몸통 원단의 위에 앞머리 원단을 겉면끼리 마주 닿게 겹쳐 올리고, 직선 부분을 시침 핀 위치에 맞춰 꽂은 후 반박음질 한다.

* 앞몸통 원단과 앞머리 원단을 거꾸로 겹쳐 앞머리 선이 겹치도록 놓는다.

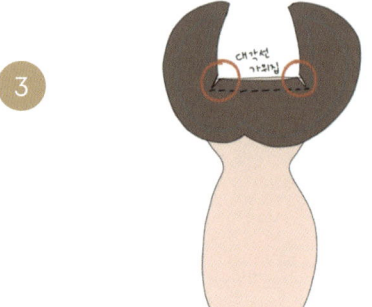

3. 앞머리 원단의 모서리 시접에 대각선으로 가위집을 넣는다.
(옆머리를 얼굴 옆선에 겹치려면 가위집 필수!!)

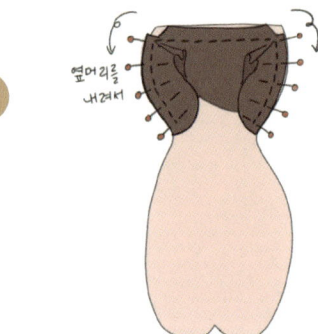

4. 옆머리를 아래로 내려, 얼굴의 옆선을 맞춰 시침 핀으로 각 위치에 맞춰 고정한 다음, 얼굴 옆선 양쪽 모두 반박음질 한다.

<Part Ⅱ 한 땀 두 땀 인형 손바느질 ㅣ 난이도 上>

5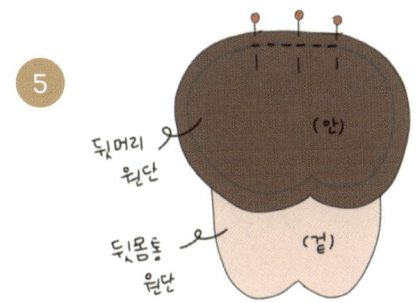

뒤 몸통 원단과 뒷머리 원단의 직선 부분을 겹쳐 반박음질 한다.

6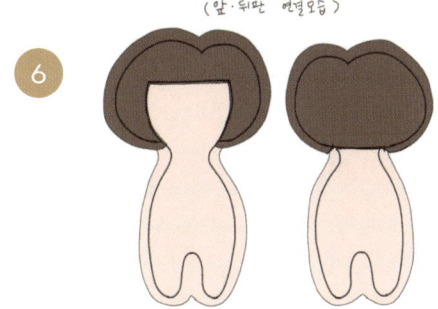

앞, 뒤판이 모두 연결된 모습을 확인한다.

7

각각 연결한 '앞머리+앞몸통'과 '뒷머리+뒷몸통'을 겉면이 서로 마주 보도록 겹친 후, 가장자리 도안 선끼리 맞춰 시침 핀으로 고정하고 반박음질 한다.
(머리, 몸통 각 원단색에 맞는 색실로 바느질)

8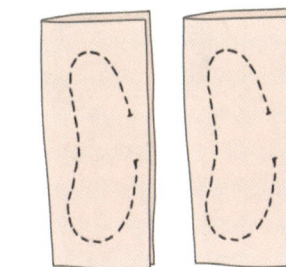

원단을 겉면 쪽으로 반을 접은 상태로 팔 도안을 그려 반박음질 한다.

81 ㅣ 안녕, 나의 인형

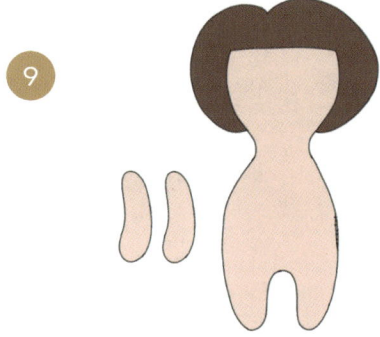 

바느질된 몸통 원단과 팔 원단 모두 시접 정리 후 뒤집어 솜을 넣고 공그르기 한다.

인형 연결용 긴 바늘로 몸통의 양쪽에 팔을 달아준다.
(팔의 양 끝에는 단추)

 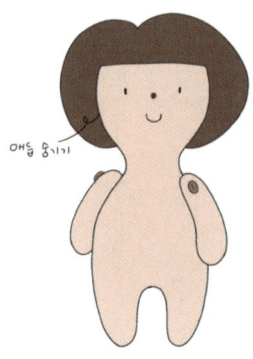 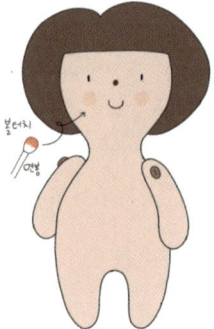

얼굴에 눈코입 밑그림을 그리고 색실로 수놓는다.
(매듭은 머리 경계의 틈으로 숨긴다)

얼굴의 볼 부분에 볼 터치용 화장품(또는 색연필 칠한 면봉)으로 둥글게 칠한다.

<Part II 한 땀 두 땀 인형 손바느질 | 난이도 上>

몸통의 얼굴 부분과 머리(앞머리) 연결
   도안에 표시한 시침 핀 위치를 원단에도 꼭 표시해요!
   두 원단을 함께 시침 핀으로 고정하면 위치 잡기가 쉬워요.

앞머리의 모서리 시접에 대각선 가위집을 꼭 넣어요!
   얼굴의 옆선과 맞추기 편해요.

사람 인형 ② '삐순이' x

조금 더 작은 아이는 어떨까요? 조금 더 큰 아이는요?!

사람 모양 인형 한번 완성하고 나서~

내가 원하는 크기와 스타일을 담은 또 다른 나의 인형!

조금 더 작으면 주머니에 쏙!

조금 더 크면 품 안에 쏙!

늘어나지 않는 원단을 사용한다면, 얼굴 이목구비와 표정은 미리 수놓아요!

삐순이도 웃을 수 있어요~ 표정은 원하는 대로 자유롭게!

<Part II 한 땀 두 땀 인형 손바느질 | 난이도 上>

* 완성 사이즈: 13x21cm

<재료와 도구>

원단: 얼굴&팔&다리 28x21cm, 머리 32x12cm, 몸통 22x11cm
팔 연결용 단추 2개 (6mm)
얼굴용 색실
장식용 굵은 빨간 실
볼터치용 색연필
솜
긴 바늘

<사람 인형 ② '삐순이' 만들기>

1.
각각의 도안에 맞춰 원단의 안쪽 면에 도안선을 그리고 시접을 주어 재단한다.

2.
얼굴 원단의 겉면에 눈코입 밑그림을 그리고, 색실로 수놓는다.

3.
앞의 '사람 인형' 과정과 같이, 얼굴용(몽실이에선 앞몸통) 원단에 앞머리용 원단을 연결한다.

4.
앞면 얼굴 원단과 뒷머리 원단의 아래에 꽃무늬 몸통 원단을 각각 반박음질 하여 연결한다.

5

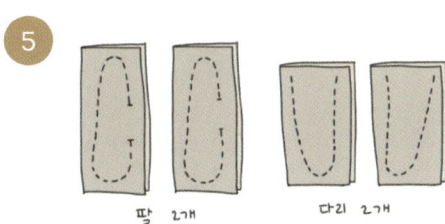

팔과 다리 원단은 각각 반을 접어, 도안 선대로 반박음질 한다.

6

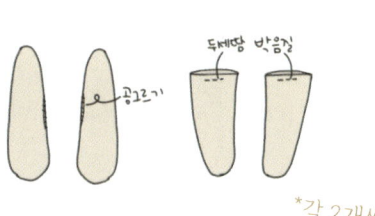

시접 정리를 하고 뒤집어, 팔은 솜을 넣고 공그르기 하고, 다리는 솜을 넣고 창구멍 시접에 두세 땀 박음질한다.

7

④에서 연결된 두 원단을 겉면끼리 마주 대어 겹치고, 아래쪽 두 원단 사이에 다리 2개를 거꾸로 넣어 겹쳐 시침 핀으로 고정한다.

8

몸통 전체를 옆 창구멍만 남기고 반박음질하고 시접 정리를 한다.
(머리 쪽 모서리 시접에 모두 가위집)

9 창구멍으로 뒤집어 솜을 꼼꼼하게 넣고 공그르기로 막는다.

10 몸통의 양옆에 팔과 단추를 함께 연결용 긴 바늘로 연결한다.

11 얼굴에 볼 터치를 그려주고, 머리의 양쪽에 빨간 끈으로 리본을 묶어준다.

<Part II 한 땀 두 땀 인형 손바느질 | 난이도 上>

얼굴 수를 먼저 놓는 경우는 늘어나지 않는 원단일 때!
  늘어나는 원단은 솜을 넣고 난 후에 수놓아주세요.

89 | 안녕, 나의 인형

+ 인형 액세서리

인형아, 춥니? 목도리 만들어 줄게.
인형아, 좋은 데 가니? 넥칼라 하고 가렴.
인형아, 생일이니? 고깔모자 쓰고 파티하자!

내 인형의 특별한 날을 위한 액세서리!

<Part II 한 땀 두 땀 인형 손바느질 | 난이도 上>

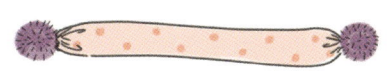 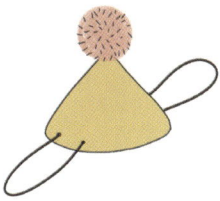

* 완성 사이즈: 넥칼라 42x2cm, 목도리 32x2cm, 모자 3x5cm

<재료와 도구>

원단: 목도리 30x5cm
펠트지: 넥칼라용 11x3cm, 고깔모자용 7x4cm
넥칼라용 리본 끈 (42cm)
고깔모자용 고무실 (30cm)
폼폼* (30cm) 목도리용 2개, 고깔모자용 1개

* 폼폼: 털실을 수십 줄로 겹쳐서 동그랗게 만든 방울

<고깔모자 만들기>

  반원 모양 펠트지를 반으로 접은 다음, 두 겹의 직선 부분을 따라 버튼홀 스티치 또는 감침질 한다.
(펠트지는 시접 없이 도안선으로 재단한다)

  꼭지 부분에 폼폼 방울을 연결한다.

 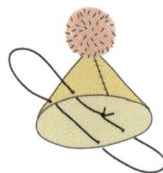 고무 실로 펠트지의 양옆에 고리가 생기도록 관통하여 안쪽에서 두 끝을 모아 매듭짓는다.
(양옆 실 고리의 크기는 인형의 귀 위치에 맞춰 가늠한 후 매듭짓는다)

<넥칼라(넥타이) 만들기>

 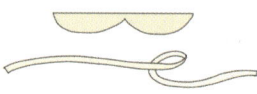 펠트지를 도안 선대로 시접 없이 재단하고, 리본 끈도 길게 준비한다.

 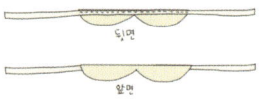 리본 끈의 중심과 펠트지의 중심을 맞춘 후, 겹치는 부분을 따라 바느질한다. (바느질 땀이 펠트지 겉쪽에서 보이지 않도록 한다)

<목도리 만들기>

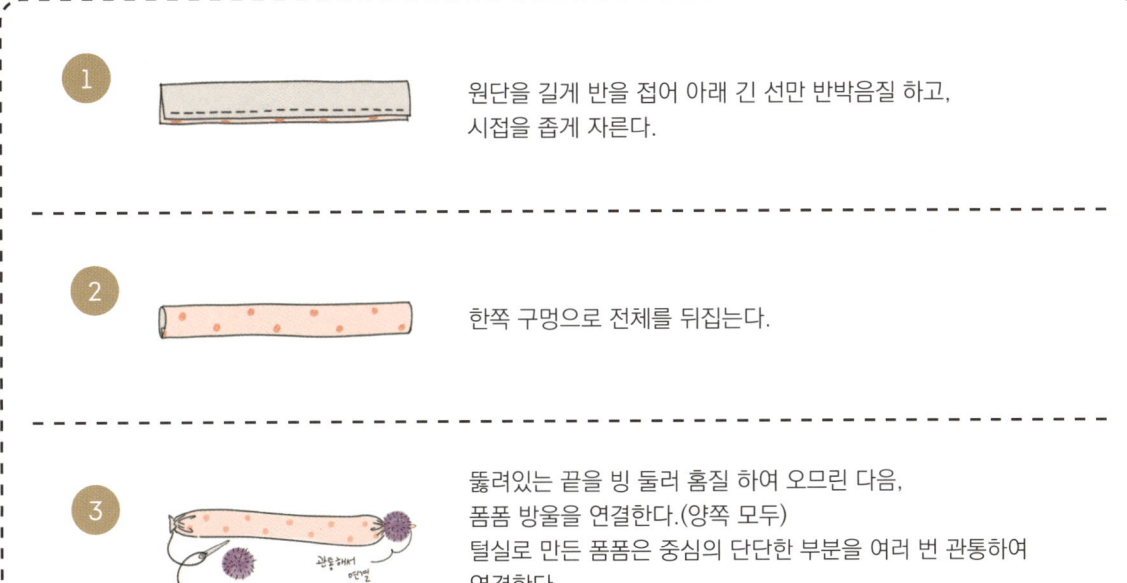

1. 원단을 길게 반을 접어 아래 긴 선만 반박음질 하고, 시접을 좁게 자른다.

2. 한쪽 구멍으로 전체를 뒤집는다.

3. 뚫려있는 끝을 빙 둘러 홈질 하여 오므린 다음, 폼폼 방울을 연결한다.(양쪽 모두)
   털실로 만든 폼폼은 중심의 단단한 부분을 여러 번 관통하여 연결한다.

작가 이야기 한 땀 두 땀

"아이의 애착 담요"

플리마켓에 참여해 처음 판매했던 인형은 곰돌이와 토끼였다. 작고 귀여운 인형이 좋겠다는 생각뿐이었는데, 사람들은 '어머! 이건 내가 찾던 애착인형이야!'라며 집어 들었다. 그때부터 곰돌이와 토끼에게 애착인형이라는 별칭이 생겼다. 나에게 '애착'이란 단어는 다소 생소했다. 우리 아이들도 나도 애착인형이나 애착이불을 가져본 적이 없었다. 그렇게 애착인형이라는 아리송한 별칭을 듣게 된 후 어느 날 두 돌짜리 아이를 키우는 어느 엄마에게 전화가 왔다. 아이에게 애착이불이 있는데, 털 있는 이불이라 여름에는 가지고 다니기 어렵다는 설명이 먼저 이어졌다. "그래서 말인데요. 아이의 애착이불로 인형을 만들어 주실 수 있나요?"

애착이불이라 불린 담요는 곧 나에게 왔다. 달콤한 섬유유연제 향기와 곳곳에 거칠게 뭉친 원단. 아이의 고사리 같은 손에 꼭 쥐어졌을 흔적이었다. 한참 동안 원단을 손으로 쓸며 아이와 엄마의 마음을 아로새겼다. 아이에게는 너무나 소중할 애착이불에 아이의 마음을 존중하며 헤아린 엄마의 아이디어를 더해, 아이만의 애착인형 곰돌이와 토끼가 탄생했다. 본래 인형 하나를 주문했지만 애착이란 단어를 애착하게 된 나는 아이의 애착이불을 조금이라도 버릴 수 없었으니까.

애착인형을 받은 아이가 애착이불의 향기와 촉감을 꼭 기억하기를 바라며.

작가 이야기 한 땀 두 땀

"서툴고 투박해도 선한 바느질"

나에게도 그런 시절이 있었다.
때로 그리워지는 첫 시절의 나.
수업에서 만나는 분들의 모습 속에서 그때의 내 모습을 가끔 보곤 한다.

커다란 손으로 조그만 천에 바느질하며, 집중하는 입 모양이 참 귀여웠던 어느 수강생이 있었다. 비록 인형은 꼭 쥔 손에서 난 땀으로 축축해졌지만, 완성한 인형과 함께 해맑게 인사를 하는 모습이 참 좋았다. 얼마 후 수강생은 나에게 커다란 포대로 인형 솜을 선물해 주었다.

100원짜리 실 끼우기를 빌려주니, 이건 발명품이라며 상을 받아야 한다고 감탄하던 수강생도 있었다.
"팔은 이렇게 연결하면 돼요."
무척 쉬운 방법이었음에도 세상 엄청난 지혜를 얻은 것 같은 표정으로 두 눈을 반짝이곤 했다.

우리 엄마와 비슷한 연세로 보이는 수강생분의 곰 인형은 매주 새로운 뜨개 옷을 입고 왔었다. 형형색색의 뜨개실로 만든 옷과 리본을 착용한 곰 인형과 인형을 대하는 수강생분의 정성에 내 마음은 매주 뭉글해졌다.

우리의 바느질은 아직 서툴고 때로 투박하다. 20년 바느질 인생을 바라보는 나 역시 그렇다. 하지만 우리의 마음, 우리의 바느질, 우리의 인형은 선하고 선하다. 완성한 인형을 가만 바라보고 있자면, 어떤 속 불편한 현실이 와도 불평하지 않고 환히 웃을 수 있다.
세상 무해한 손바느질 인형 세상, 나는 바느질 인생을 산다.

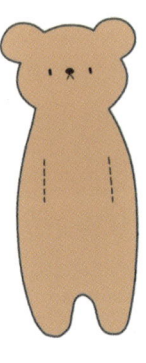

Part III 인형 놀이터

인형 옷: 원피스, 속옷
구름 모빌
과일 쿠션
인형 가방
나무와 집
인형의 집
팥 주머니 안대 또는 문진

인형 옷 x ─────────────

예쁜 원단으로 쓱싹 뚝딱!

간단한 바느질로 인형 옷도 만들어요!

속옷도 원피스도~ 입히고 싶은 무엇이든 쉽게!

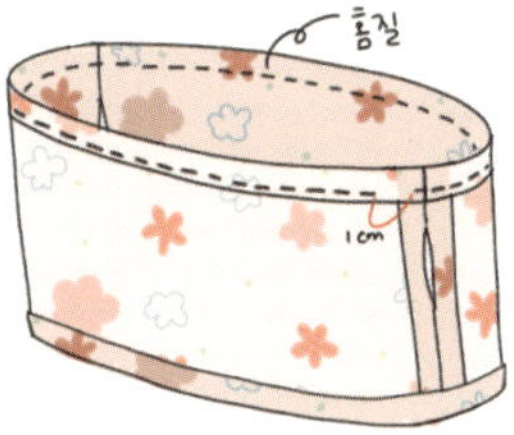

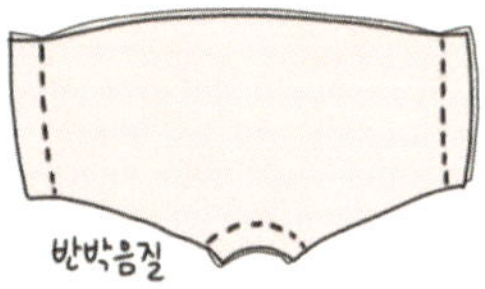

<Part Ⅲ 인형 놀이터>

* 완성 사이즈: 원피스 15x11cm, 속옷 9x5.5cm

<재료와 도구>

원단: 원피스 35x17cm, 속옷 20x7cm
3mm 고무 밴드 (20mm)
옷핀

<인형 옷 - '원피스' 만들기>

1. 재단한 원단 두 장을 겉면끼리 겹쳐서 양 옆 선의 팔 구멍만 빼고 반박음질 한다.
(위, 아래 시접 부분까지 바느질한다)

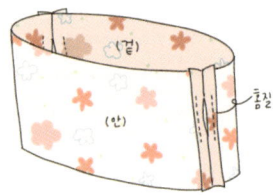

2. 바느질한 부분의 시접을 양옆으로 벌리고 팔 구멍 부분의 양옆으로 두 겹을 홈질한다.

3. 아래 밑단 부분의 시접을 1cm 폭으로 안쪽 면으로 두 번 접어 올려 겹친다.

4. 겹친 시접의 끝을 따라, 원피스 원단에 공그르기 하여 고정한다.
(공그르기가 힘든 경우, 홈질해도 된다)

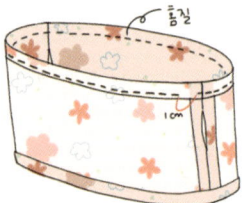

5. 윗부분 시접을 안으로 접은 다음, 두 겹 상태로 끝 1cm만 남기고 홈질 한다.

6. 고무 밴드 끝에 옷핀을 묶어 남겨진 1cm의 틈으로 한 바퀴 돌아와 두 끝을 모아 매듭짓는다.
(목둘레에 맞추되, 옷을 입힐 수 있게 여유를 준다)

<인형 옷 - '속옷' 만들기>

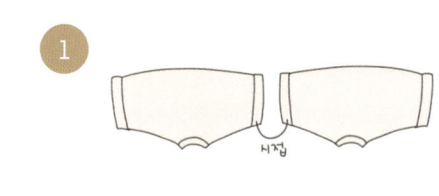

1. 원단의 안쪽 면에 도안을 2개 그리고, 양옆과 아래 가운데 부분만 시접을 주고 재단한다.

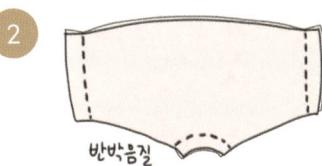

2. 두 장을 겉면끼리 마주 대고 겹쳐, 시접이 있는 양옆과 아랫부분만 반박음질 한다.

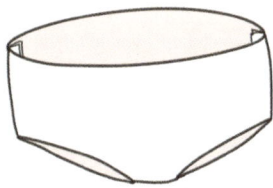

3. 시접의 폭을 좁게 자르고 뒤집는다.

\# 작은 사이즈의 인형 옷은 시접을 접고 바느질하기 쉽지 않아요.
재단해도 올이 풀리지 않는 원단을 사용하면 좋아요.

구름 모빌 x ─────────

동구르르 모빌용 인형을 만들어요~

하늘을 두둥실 떠다니는 구름이 좋겠어요.

귀여운 구름 위로 동글동글 방울도 연결하고요.

바람 따라 동글동글 내 마음도 동글동글~

<Part III 인형 놀이터>

* 완성 사이즈: 18x13cm

<재료와 도구>

원단: 21x26cm

펠트지: 코-분홍 2x2cm, 모자-노랑 11x6cm

폼폼 볼 1개 (20mm)

눈용 검정 구슬 2개

솜

얼굴용 색실

긴 바늘

굵은 면사 100cm

107 | 안녕, 나의 인형

<구름 모빌 만들기>

1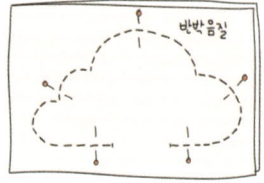
흰색 원단을 겉면 쪽으로 반을 접어서 아래 창구멍만 남기고 도안 선대로 반박음질 한다.

2
시접 정리를 하고 뒤집어 안에 솜을 빵빵하게 넣는다.

3
얼굴 위치에 원단용 펜으로 밑그림을 그리고, 코에 들어갈 펠트지를 잘라 위치를 잡고 시침핀으로 임시 고정한다.

4
눈용 구슬을 먼저 검정 실로 달아준 다음 이마의 꼬불꼬불한 모양과 코 아래 입을 색실로 수놓는다.
(매듭은 모두 코 펠트지 밑에 놓는다)

5
코용 펠트지의 가장자리를 따라 감침질로 아플리케한다.

6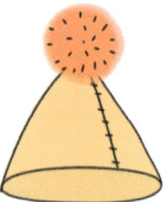
모자용 반원 모양 펠트지를 반 접어 직선 부분을 버튼홀 스티치하고, 꼭지에 폼폼 방울을 달아준다.
(인형 액세서리 만들기-모자와 동일 방법)

<Part Ⅲ 인형 놀이터>

모자를 구름의 윗부분에 비스듬하게 얹고, 맞닿는 가장자리를 따라 펠트지를 구름 원단에 감침질 또는 버튼홀 스티치로 연결한다.

긴바늘에 굵은 면사를 끼워 큰 매듭을 짓고, 아래 창구멍으로 넣어 구름 인형의 위쪽 중심으로 뺀다.

면사로 양모 볼 3개를 순서대로 관통한 후, 창구멍을 공그르기 한다.

모빌용 인형의 크기를 다양하게 만들어요.
크고 작은 다양한 모양과 크기로 원하는 길이만큼!
이마의 꼬불꼬불한 모양은 박음질로 수놓아주세요.
양모가 구멍을 좁히기 때문에 면사에 매듭을 짓지 않아도 양모가 흘러내리지 않아요.

과일 쿠션   x _____

과일 모양 인형을 만들어요. 크기는 내 마음대로~
폭신한 솜을 가득 채워 한 품에 안으면 몸도 마음도 편안해지죠.

한 땀 두 땀, 내 손으로 짓는 열매 하나, 열매 둘.
다양한 색과 무늬의 원단으로 가족이 좋아하는 과일 쿠션을 만들어요.
어떤 모양의 과일이어도 과정은 동일해요!
우리 집 쿠션은 모두 내 손으로 땀땀!

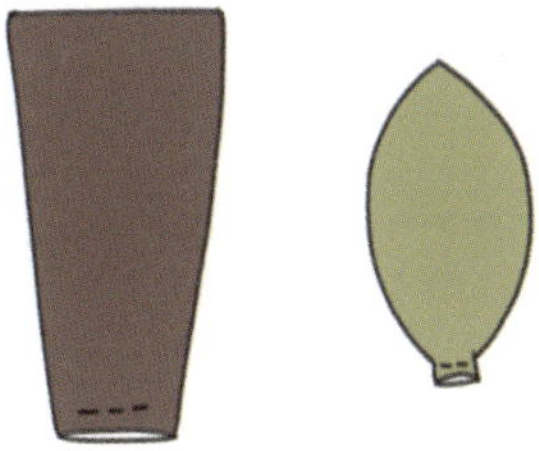

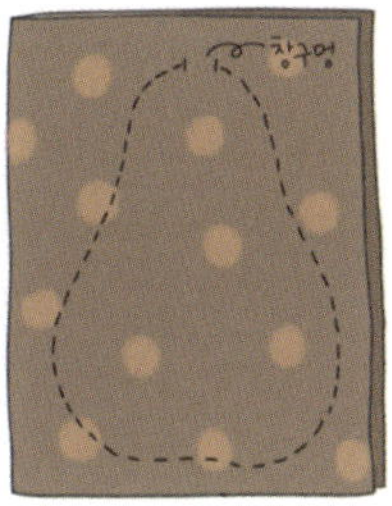

<Part Ⅲ 인형 놀이터>

* 완성 사이즈: 서양배 27x40cm, 사과 33x30cm

<재료와 도구>

원단: 서양배 열매 65x40cm, 꼭지 10x12cm, 잎사귀 12x10cm
　　　사과 열매 75x35cm, 꼭지 10x12cm, 잎사귀 12x10cm
솜

111 | 안녕, 나의 인형

<과일 쿠션 만들기>

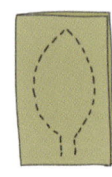

갈색 원단과 초록 원단을 각각 반으로 접어, 꼭지와 잎사귀 형태로 반박음질 한다. (창구멍 부분을 남겨놓는다)

뒤집어 안으로 솜을 넣고 창구멍의 시접에 두세 땀 바느질한다.

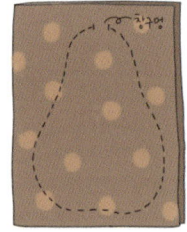

열매용 원단을 위 꼭지 부분에 창구멍을 남기고 전체를 반박음질 한다.

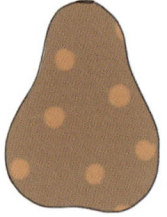

시접 정리를 하고, 뒤집어 창구멍 안으로 솜을 넣는다.

열매의 창구멍 시접을 안으로 접어 넣고, 갈색 꼭지와 초록 잎사귀의 끝을 겹쳐 깊숙이 넣고 촘촘하게 공그르기 하여 고정한다.

<Part Ⅲ 인형 놀이터>

#작은 사이즈로 만들 땐, 열매, 꼭지, 잎사귀 모두 같은 비율로 축소하세요.
#서양배와 사과는 만드는 방법이 동일합니다.

인형 가방 x ————————————————

모양은 인형~ 쓰임은 가방~

나의 인형을 담기도 좋고, 일상에서 활용하기도 정말 귀여운 인형 가방

가방 원단은 안감까지 함께 누빔 작업이 된 원단을 사용하세요.

<Part III 인형 놀이터>

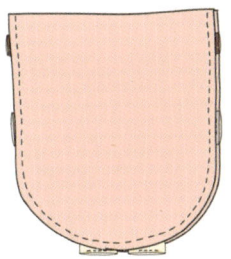
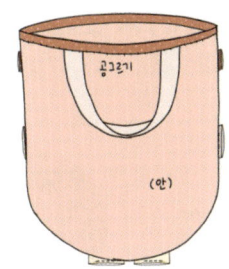

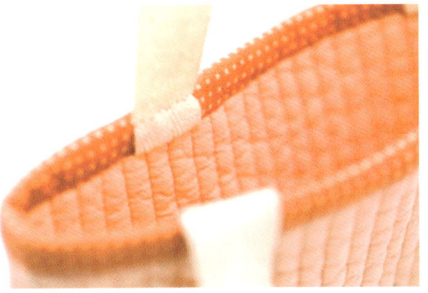

* 완성 사이즈: 32x28cm(끈 포함 높이 43cm)

<재료와 도구>

원단: 가방 46x27cm, 귀 20x24cm, 팔 12x16cm, 다리 14x16cm
가방끈 (2x40cm) 2개
바이어스 천* 4x45cm
코용 구슬 1개 (5mm)
솜
얼굴용 색실

* 바이어스 bias 천: 원단 끝에 올이 풀리지 않도록 감싸서 마감하는 용도의 긴 천으로 보통 식서와 푸서의 대각선 방향으로 재단해 사용함

<인형 가방 만들기>

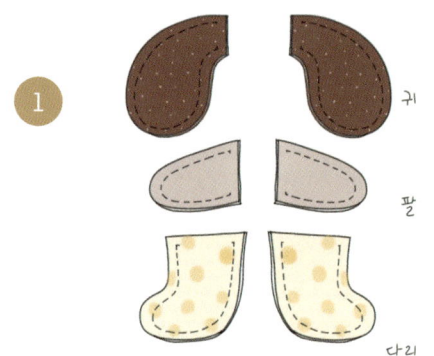

1. 귀, 팔, 다리용 원단을 두 겹으로 겹친 상태로 도안 선대로 반박음질 하고, 시접 정리를 한다. (둥근 도안선 시접 가위집)

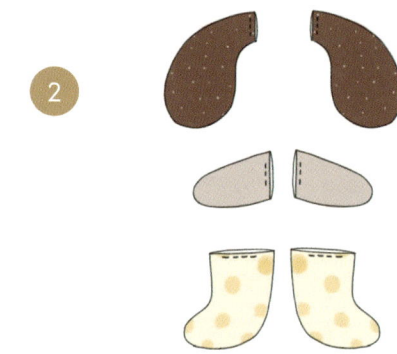

2. 창구멍으로 뒤집어 솜을 넣고, 시접 중간을 두세 땀 박음질 한다.

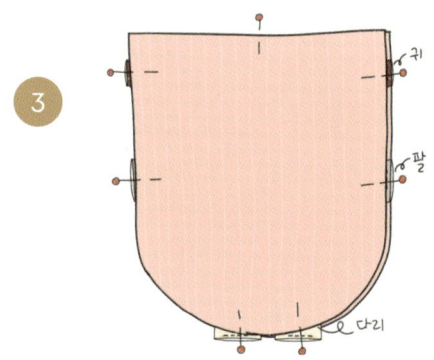

3. 가방용 누빔 원단을 두 장을 겉면끼리 겹쳐 시침 핀으로 고정한 다음, 귀, 팔, 다리 각 조각의 위치에 맞춰 두 원단 사이로 거꾸로 끼워 고정한다.

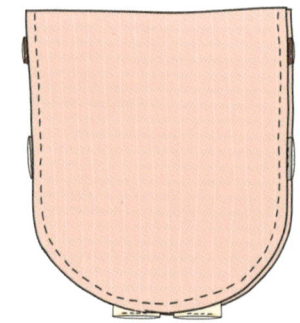

4. 두꺼운 원단이므로 촘촘하게 바늘땀을 당겨서 도안 선대로 반박음질 한다.

<Part Ⅲ 인형 놀이터>

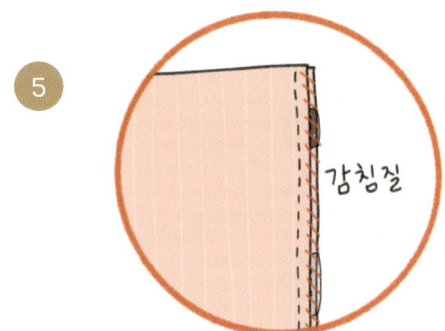

⑤ 가방의 시접은 감침질 해서 마감한다.
(재봉기로 오버로크를 해도 됨)

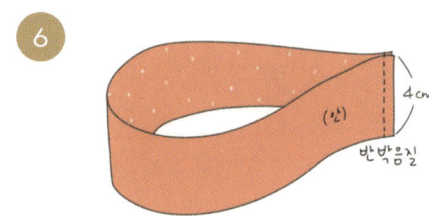

⑥ 가방 둘레(43cm)와 같은 길이의 4cm 폭 바이어스 테이프의 양 끝을 겹쳐, 1cm 안쪽으로 반박음질 한다.

⑦ 가방 겉면 윗부분에 바이어스를 안쪽면이 보이도록 뒤집어 끼우고 1cm 내려온 위치에서 함께 반박음질 한다.

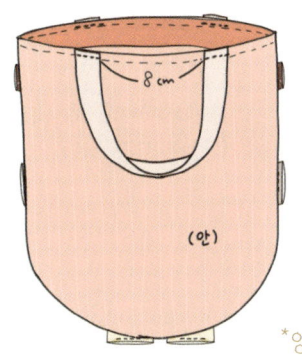

양쪽 각각

⑧ 가방의 안쪽 면에 가방끈을 8cm 간격으로 양 끝을 거꾸로 덧대고 반박음질 한다.

117 | 안녕, 나의 인형

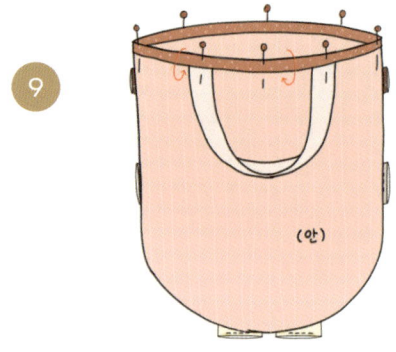

9 겉면 쪽의 바이어스를 뒤집어 올려, 가방 끝을 감싸고 안쪽 면으로 넘겨 끝을 한 번 더 접는다.
(⑦의 바늘땀을 가리도록 접어 덮는다)

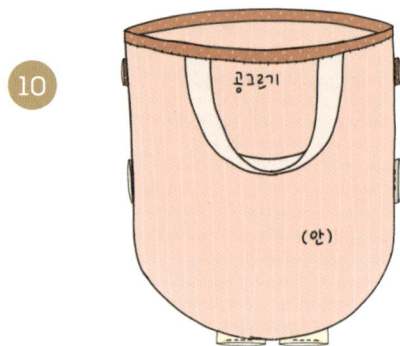

10 접힌 바이어스의 끝을 따라 가방의 안쪽 면에 공그르기 한다.
(겹친 가방끈도 관통해 공그르기 한다)

11 가방끈을 위로 접어 올려, 바이어스와 겹치는 부분을 촘촘하게 반박음질 한다.

12 가방의 겉면 한쪽에 검은색 실로 구슬을 달아 코 위치를 잡고, 실 그대로 입과 눈을 수놓는다.

<Part Ⅲ 인형 놀이터>

\# 팔, 다리, 귀는 솜을 느낌만 나도록 조금씩만 넣어주셔도 됩니다.

\# 바이어스 테이프는 안쪽에 미리 1cm 폭으로 선을 그려놓으면 작업이 수월합니다.

119 | 안녕, 나의 인형

나무와 집   x

인형에게 휴식처를 선물해요~
청량한 나무와 아늑한 집이에요.
장식품으로 두고 보고만 있어도 행복해져요.
조물조물 만지작거리기도 좋아요!

솜을 많이 넣지 않아야 반듯한 모양이 오래 유지돼요!
편편한 두께의 촉감은 안정감을 전해줘요.

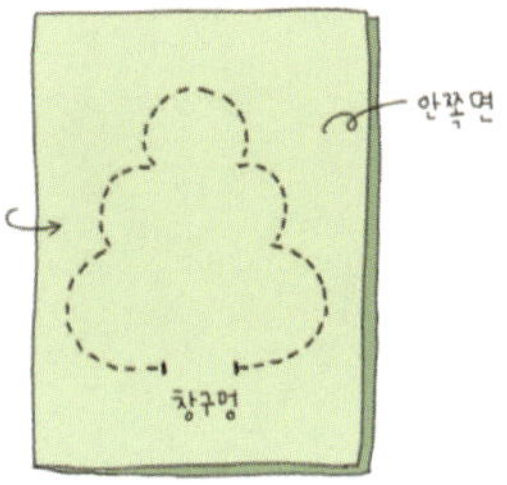

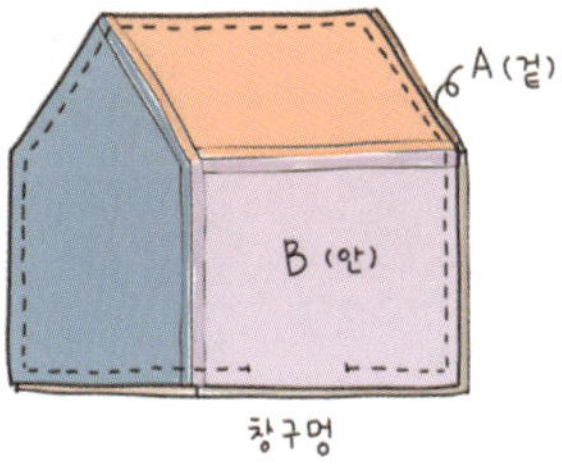

<Part Ⅲ 인형 놀이터>

* 완성 사이즈: 나무 9x13cm, 집 11x7cm

<재료와 도구>

원단: 나무- 줄기 7x5cm, 잎부분 22x13cm
집 - 3가지 조각 원단 ① 10x5cm 2개, ② 8x7cm 2개, ③ 7x10cm 2개
펠트지 (4x3cm)
자석 또는 스트링

<나무와 집 - '나무' 만들기>

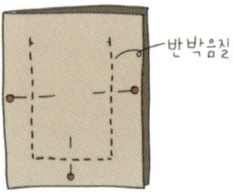

1. 나무줄기용 갈색 원단을 겉면끼리 맞대어 반으로 접고 안쪽 면에 도안 선을 그린다.

2. 도안 선을 따라 촘촘하게 반박음질 한다. (위쪽 창구멍)

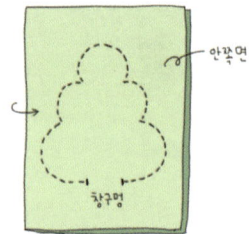

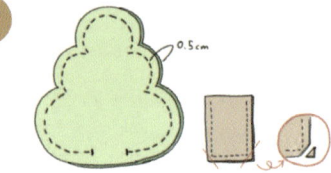

3. 잎사귀용 초록색 원단을 반으로 접어 도안 선을 따라 반박음질 한다.(아래쪽 창구멍)

4. 바느질한 선에서 밖으로 0.5cm 정도의 시접을 남기고 잘라낸다. 모서리 시접은 대각선으로 잘라낸다.

5. 각각의 조각을 뒤집어 안쪽으로 솜을 넣어준다.

6. 잎사귀용 원단의 창구멍 시접을 접고 그 안으로 갈색의 줄기를 도안선 부분까지 집어넣는다.

<Part Ⅲ 인형 놀이터>

7

겹친 두 부분의 경계를 따라 공그르기 하여
연결한다.

<나무와 집 - '집' 만들기>   *A 세트와 B 세트의 연결 부분이 반대인 대칭 구조!*

1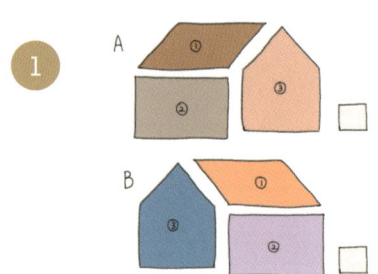

집 도안 ①,②,③의 조각들을 각각의 원단에 대칭되도록 2세트 도안 선을 그려 1cm 시접을 주고 재단하여 준비한다.

2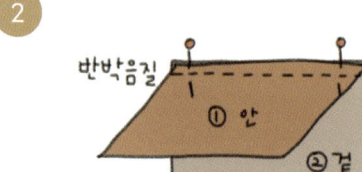

①원단과 ②원단을 겉면끼리 겹쳐서 도안선을 따라 반박음질 한다.

3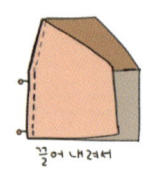

①+②를 펼친 후, 옆에 ③원단을 겹쳐 바느질한다.

4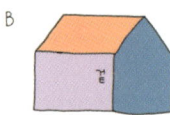

①,②,③의 조각을 순서대로 촘촘하게 반박음질 한다.(A, B 세트 각 준비)

5

네모 펠트지를 겉에 덧대어 감침질 또는 버튼홀 스티치 바느질한다.

6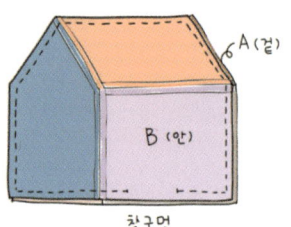

A와 B 세트를 겉면끼리 마주 보도록 겹쳐, 테두리를 따라 반박음질 한다.
(하단에 창구멍 2cm를 남겨놓는다)

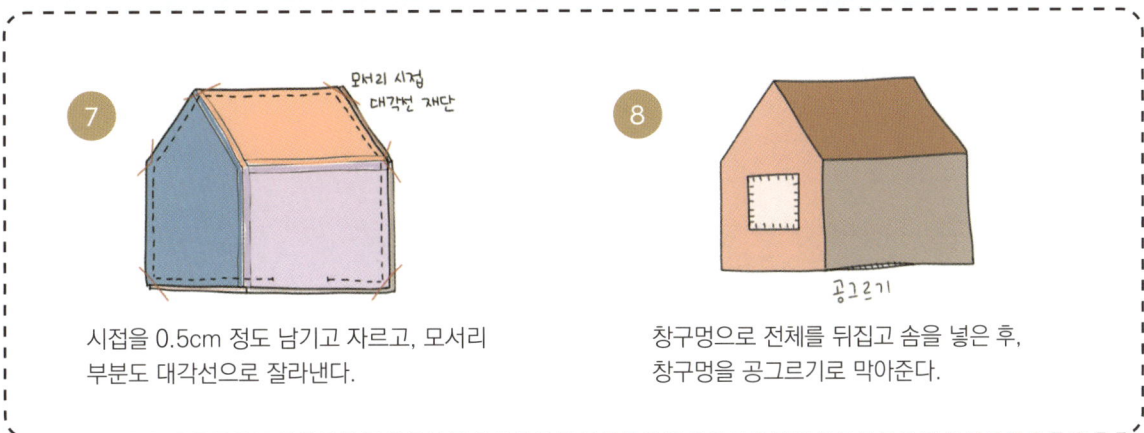

⑦ 시접을 0.5cm 정도 남기고 자르고, 모서리 부분도 대각선으로 잘라낸다.

⑧ 창구멍으로 전체를 뒤집고 솜을 넣은 후, 창구멍을 공그르기로 막아준다.

연결하려는 두 조각의 겉면끼리 겹쳐, 각각의 도안선이 일치하도록 맞춰서 시침 핀으로 고정해야 해요.

3개 이상의 원단 조각을 연결할 때는 연결 순서가 중요해요!!

집에 솜을 많이 넣으면, 직선이 사라져요! 적당히 넣어 집의 형태를 유지해주세요.

만드는 과정에서 스트링을 끼우거나 자석을 넣으면 다양하게 활용 가능해요.

인형의 집 x ─────────────

나의 인형에게 집을 선물해요.

책처럼 여닫을 수 있어요.

겉에서 보면 예쁜 집

문을 열면 포근한 잠자리로 변신!

다양한 색감과 종류의 원단을 사용하면 알록달록 동화 속 집!

어딜 가나 포근히~ 나의 인형을 위한 단 하나의 집!

<Part Ⅲ 인형 놀이터>

* 완성 사이즈: 37x27cm (펼쳤을 때)

<재료와 도구>

원단: 겉감 민트 체크 45x25cm, 지붕 22x16cm, 안감 노란 체크 45x32cm
　　　창문 15x15cm, 문 20x13cm, 서랍 37x18cm,
　　　이불 38x17cm, 베개 13x15cm

단추: 앞여밈(20mm), 문용(9mm), 안 서랍용(9mm)

고리용 끈 (12cm)

스냅단추 (8mm)

색실

솜

<인형의 집 만들기>

각 도안별로 원단에 맞춰 도안 선을 그리고,
반박음질 한다.
모서리 시접은 대각선으로 잘라준다.

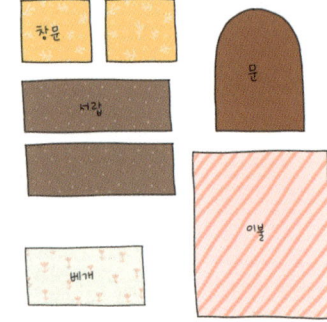

창문 2개, 문, 서랍 2개, 이불, 베개는 바느질과
시접 정리를 하고 뒤집어 창구멍은 공그르기
한다.(베개는 제외)

베개는 안으로 솜을 조금 넣고 공그르기 한다.

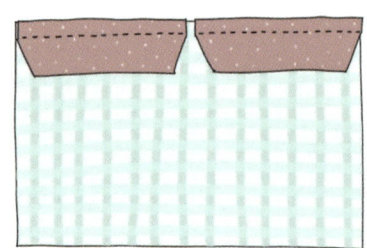

지붕용 원단 2장을 겉감 원단 윗부분 도안
선에 겉면끼리 겹쳐 반박음질 한다.

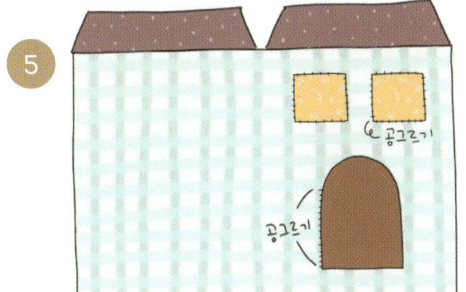

5 겉감 오른쪽 부분에 창문 원단 2개와 문 원단을 올려놓고, 가장자리를 따라 공그르기 한다. (문은 왼쪽 직선 부분만)

6 문 원단이 겹치는 영역에 원단용 펜으로 글씨를 쓴다.

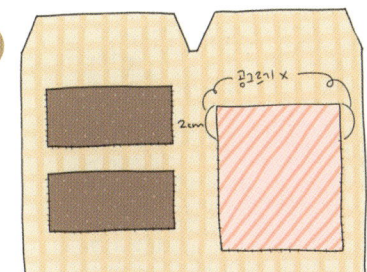

7 여러 가지 색실로 박음질 자수를 넣는다. (매듭은 뒷면에)

8 안감 원단의 왼편에 서랍 원단 2개와 오른쪽에 이불 원단을 올리고, 각각 양옆과 아래 가장자리만 따라 공그르기 한다.(이불의 양옆에서 2cm 부분은 공그르기 하지 않는다)

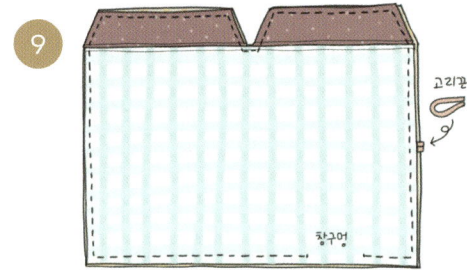

9. 겉감 원단과 안감 원단을 겉끼리 맞대고 한쪽에 고리 끈을 반 접어 안으로 4cm 겹치도록 끼운 후, 가장자리를 따라 반박음질 한다. (오른쪽 아래에 창구멍)

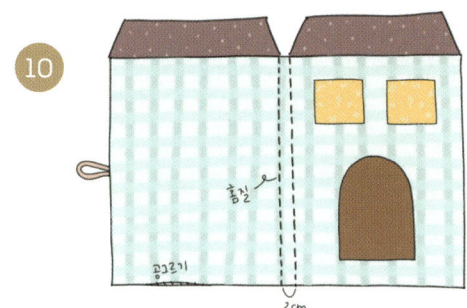

10. 시접 정리를 하고 뒤집어 안으로 솜을 평평하게 넣은 다음 창구멍 공그르기 한다. 정중앙 2cm 간격 세로선을 따라 겉감과 안감을 함께 홈질한다.

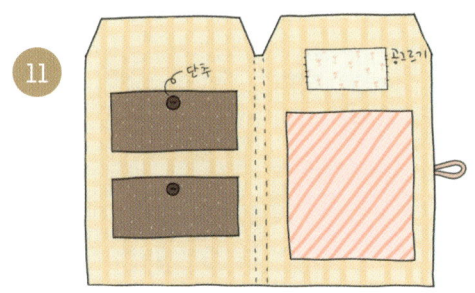

11. 안감 오른쪽에 베개를 올려놓고, 맞닿는 부분의 안쪽으로 공그르기 한다. 서랍 원단 2개의 정중앙 부분에 단추를 각각 달아준다.

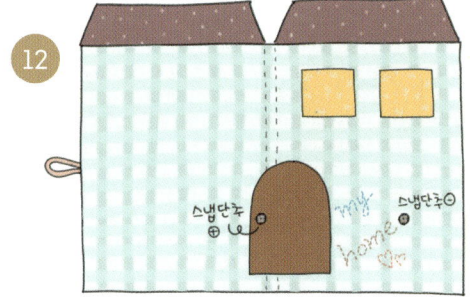

12. 문 원단의 안쪽과 맞닿는 겉감 위치에 스냅단추 한 세트를 단다.

⑬ 겉면의 오른쪽 중간에 큰 단추를 달고, 문 원단의 바깥쪽에도 작은 단추를 단다.

\# 겉면 문의 안쪽에 글씨는 다양하게 원하는 문구로 넣어보세요.
\# 앞문의 안쪽 스냅단추는(12번) 달기 어렵다면 생략해도 됩니다.

팥 주머니 안대 또는 문진   x ─────────

손바느질하다 보면 다양한 아이디어가 샘솟아요.
인형을 만들다가 문득!
인형 모양 주머니에 팥을 넣었어요.
눈에 휴식을 주는 안대로~
책 위에 올리는 주머니 문진으로~
마냥 손장난하기도 귀엽다죠!

나의 인형 팥 주머니!
신축성 없는 면 원단이 좋아요!

<Part Ⅲ 인형 놀이터>

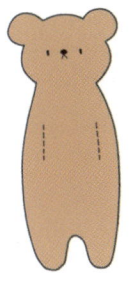 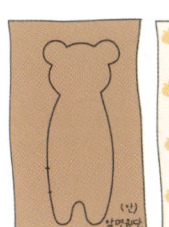  

* 완성 사이즈: 10x22cm

<재료와 도구>

원단: 앞면 13x27cm, 뒷면 13x27cm
색실
팥 100g

133 | 안녕, 나의 인형

<팥 주머니 안대 또는 문진 만들기>

 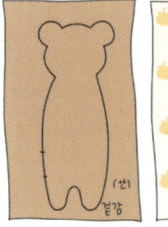 

겉감과 안감 원단의 각각 안쪽 면에 도안선을 그린다.

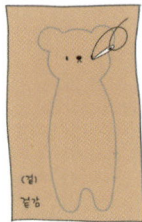

겉감 원단의 겉면 얼굴 위치에 맞춰 색실로 눈코입을 수놓는다.
(매듭은 안쪽 면에 짓는다)

 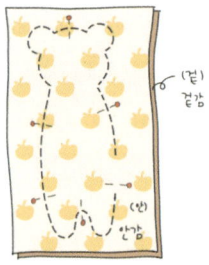

겉감, 안감 원단 두 겹을 겉면끼리 겹쳐, 도안선에 맞춰 시침 핀을 꽂고, 도안선대로 박음질 한다.

시접을 좁게 자르고 둥근 도안선의 시접은 촘촘히 가위집을 넣는다.

 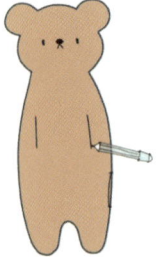

창구멍을 통해 뒤집어 도안의 양쪽 팔 위치에 맞춰 선을 그린다.

 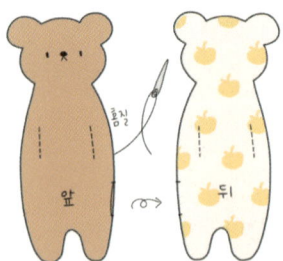

앞, 뒤 두 겹을 함께 팔 선대로 홈질한다.

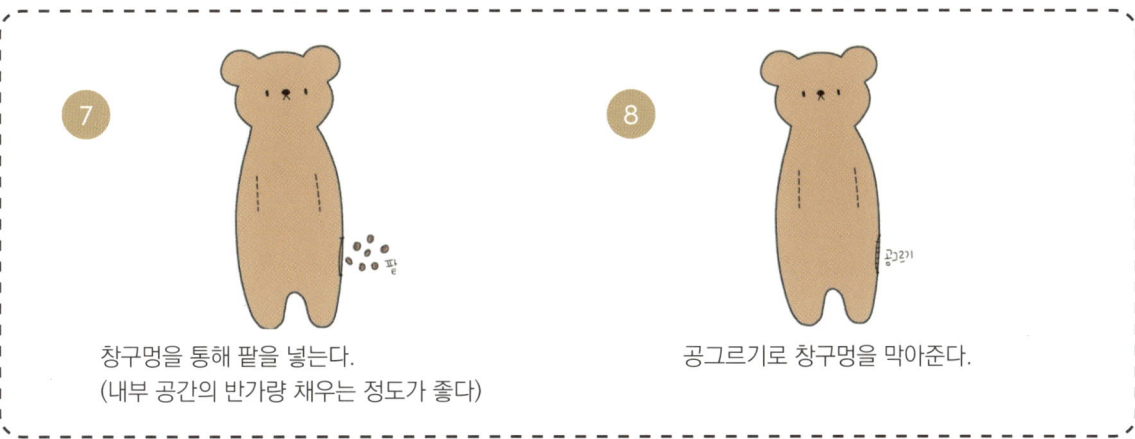

\#벌레 먹지 않은 팥만 넣어요.

\#전자레인지에 20초 정도 돌린 후 눈 위에 올려 눈 찜질~

\#사용하지 않을 때는 햇볕에 잘 말려서 밀봉 후 냉장고에 보관해요.

\#문진으로 사용할 때도 볕에 두며 청결하게 사용해요.

손바느질로 한 땀 두 땀 | 138

Epilogue

"안녕! 나의 인형"

5년이나 자리한 공방인데, 어느 날은 문득 공방과 인형들이 새삼스럽게 다가올 때가 있어요. 신기하고 대견하고 또 놀라워요. 몇 날 며칠을 붙잡아 완성한 인형이 판매되는 날은 아주 조금 아쉽기도 했죠. 그래도 그 모든 나날과 순간은 그저 행복이라 말할 수밖에 없어요.

긴 시간 동안 손바느질로 인형을 만들었어도 여전히 인형도 바느질도 잘 모를 때가 있어요. 사람들이 어떤 인형을 좋아하는지, 나는 또 어떤 인형을 나답다 할 수 있는지 말이에요. 이런 질문의 연속이지만 그저 내가 좋아하는 모양과 원단으로 원하는 인형을 만들어가요.

인생에 정답은 없다죠. 인형 손바느질 인생을 살아보니, 정말 정답은 없더군요. 한 땀 두 땀 손바느질로 완성해가는 인형을 보며, 한 분 두 분 나의 인형을 데려가는 사람들과 만나며, 정답 없는 인생이 이렇게 따뜻할 수 있구나, 아니면 정답이 없어서 다음의 온기를 기약할 수 있구나, 생각해요. 그렇게 인형 손바느질 인생에 매일 감사해요.

행복의 포자가 가득 담긴 인형은 우리를 위로해요. 고민하고 만들어가는 시간을 즐기다보면, 어느덧 완성한 손바느질 인형이 방긋 웃어요. 인형도 나도 참 대견스러운 순간이에요. 값비싼 원단이 아니어도, 어설픈 바느질에 삐뚤빼뚤한 줄이어도, 집에 있던 다른 쿠션에서 나온 솜을 재활용한다 해도, 한 땀 두 땀 정성들인 손바느질 인형이 방긋 웃어요.

가만히 내 손으로 불어넣는 온기, 인형 손바느질 인생에 들어오세요. 평온함은 나의 두 손에서 시작해요. 모두 다른 우리가 만든 모두 다른 인형과 함께.
오늘도 매일의 안부를 건네요. 안녕!

손바느질로 한 땀 두 땀
안녕, 나의 인형

초판 1쇄 발행	2024년 7월 24일
지은이	황윤숙(달작업실 @dalsworkroom)
책임편집	김애진
사진	여가콘텐츠
교정교열	정승혜
디자인	홍혜정 @found_design__
펴낸 곳	여가콘텐츠 FreeTimeContents
펴낸이	김애진
출판 신고	2017년 7월 31일 제2017-000010호
주소	인천광역시 미추홀구 경원대로 717
전화	0507-1367-2148
이메일	freetimec365@naver.com
인스타그램	@freetimecontents

ⓒ 황윤숙 2024

ISBN 979-11-978377-3-9 (13590)

여가로운삶 은 여가콘텐츠 출판사업부의 브랜드입니다.
이 책은 저작권법에 따라 보호받는 저작물이므로 무단 전재와 무단 복제를 금합니다.
이 책의 전부 혹은 일부를 이용하려면 반드시 저작권자와 여가콘텐츠의 서면 동의를 받아야 합니다.

* 잘못된 책은 바꿔드립니다.   * 책값은 뒤표지에 있습니다.